Andreas Herzfeld

Nachträge
Handbuch Deutsche Kfz-Kennzeichen
und
Militärische Abkürzungen an Kraftfahrzeugen im 1.Weltkrieg - Ein Wörterbuch

Beiträge zur deutschen Automobilgeschichte
Band 6

Andreas Herzfeld

Nachträge

Handbuch Deutsche Kfz-Kennzeichen

und

Militärische Abkürzungen an Kraftfahrzeugen im 1.Weltkrieg - Ein Wörterbuch

Bibliografische Information der Deutschen Nationalbibliothek

Die Deutsche Nationalbibliothek verzeichnet diese Publikation in der Deutschen Nationalbibliografie; detaillierte bibliografische Daten sind im Internet über http://dnb.d-nb.de abrufbar.

Vordere Einbandseite: Besuch des Bundespräsidenten F. W. Steinmeier in Bremen am 27.06.2018

Redaktionsschluss 15.12.2022

2. erweiterte und ergänzte Auflage
Verlag: Deutsche Gesellschaft für Flaggenkunde e.V. Berlin

Druck und Bindearbeiten: BOD Books on Demand GmbH, Norderstedt

Handbuch Band 1: ISBN-13: 978-3-935131-13-1
Handbuch Band 2: ISBN-13: 978-3-935131-14-8
Militärische Abkürzungen: ISBN-13: 978-3-935151-18-8
Nachtrag: ISBN-13: 978-3-935131-19-3

Inhaltsverzeichnis

Vorwort

Weshalb ein Nachtrag? Die Frage ist relativ einfach zu beantworten.

1. Das Leben geht weiter. Mehr oder weniger regelmäßig gibt es Neuerungen, die sich in einem Nachtrag übersichtlich zusammenfassen lassen.
2. Die Neuauflage eines Buches ist unwirtschaftlich und der Umfang der Ergänzungen rechtfertig eine solche nicht.
3. Man hat Tippfehler, Zahlendreher u. ä. entdeckt und kann diese korrigieren.
4. Manche Sachverhalte erweisen sich, wie neuere Forschungen zeigen, als falsch.
5. Der Autor hat wichtige und interessante Fakten einfach vergessen und
6. Durch Anfragen von Sammlern, Familienforschern und anderen Interessierten gibt es plötzlich neue Entdeckungen, wie z.B. die kurzzeitige Zuweisung von IS-Kennzeichen 1947 (s. S. 40)

Im 1. Teil werden alle neuen Erkenntnisse über die Kfz-Kennzeichen aufgeführt. Dank vieler Sammler können wunderbare Fotografien abgebildet werden. Dieser Nachtrag enthält alle Informationen, die bereits im 2. Band des Handbuches und in der 1. Auflage dieses Nachtrages veröffentlicht wurden.
Im 2. Teil folgen weitere Abkürzungen an militärischen Kfz im 1. Weltkrieg. Hier lohnte sich ein separater Nachtrag nicht. Außerdem besitzen viele Käufer beide Werke. In einem kleinen Anhang stellte ich einige Beschriftungen an russischen Militärfahrzeugen während des 1. Weltkrieges vor.
Im 3. Teil behandele ich ein seltenes Thema: Kraftfahrzeuge in einem Schweizer Kriegsgefangenlager für Deutsche ebenfalls während des 1. Weltkrieges. Dieser Artikel war für die Fachzeitschrift Europlate vorgesehen, wurde aber aus unbekannten Gründen dort nicht veröffentlicht.

Dr. Andreas Herzfeld
Winter 2022/2023

TEIL 1

Nachtrag zum Handbuch Deutsche Kfz-Kennzeichen
Teil 1 und 2

Josef Pompl

Josef Pompl sammelte viele Jahre alle erreichbaren Unterlagen über Kfz-Kennzeichen in Deutschland und Österreich. Eine große Hilfe waren die ehemaligen Mitarbeiter der „Sammelstelle für Nachrichten über Kraftfahrzeuge – SNK", später Kraftfahrbundesamt, ROAR Max Wirsing und Gottfried Swoboda sowie Manfred Steiner. Dadurch konnten praktisch alle Lücken für die Zeit bis 1945 und die Besatzungszeit im Westen geschlossen werden. J. Pompl wurde, obwohl er Deutscher war, als Österreicher wahrgenommen und erhielt so problemlos Archivmaterialien aus der ehemaligen DDR und den Archiven der im II. Weltkrieg besetzten Staaten. Seine umfangreichen Archivalien wurden von seiner Witwe Dr. Margarethe Pompl dem Autor zur Nutzung übergeben.

Dipl. Kfm. Josef Pompl wurde am 25.03.1925 in Marienbad geboren und starb am 06.03.1993 in Wien. Er besuchte die Volksschule in Marienbad und das Gymnasium in Plan. Mit 18 Jahren (1943) musste er in den Weltkrieg ziehen.

Im Jahre 1945 vertrieb man die Familie aus dem Sudetengebiet. In Nürnberg fanden sie eine neue Heimat. J. Pompl studierte an der Hochschule f. Wirtschafts- u. Sozialwissenschaften in Nürnberg. Nach dem Studium trat er in die GfK- Gesellschaft f. Konsum-, Markt- u. Absatzforschung in Nürnberg ein. Die Firma entsendete ihn nach Österreich, wo er die österreichische Zweigstelle der GfK aufbaute und jahrelang leitete.

Nach der Pensionierung widmete er sich seinem Hobby der Geschichte der deutschen und österreichischen Kfz-Kennzeichen. Sein Ziel war die Herausgabe eines umfassenden Werkes zum Thema. In seinen Unterlagen gibt es Absagen von ca. 40-50 Verlagen zum Thema eines Buches über Kfz-Kennzeichen. Die Begründung: „unwirtschaftlich!" kann der Autor leider nur bestätigen.

Ergänzungen zu Band 1

S. 17, Abb. S. 54: Hertzog's **IA1** 1909 LKW, ca. 1930 PKW wie auf dem Bild

S. 20: *Erkennungszeichen:* Anfang des 20. Jhd. übliche Bezeichnung für Unterscheidungszeichen

S. 37f.: komplette Tabelle der Verordnungen über den Verkehr mit Kraftfahrzeugen

Bundstaat/Provinz/Regierungsbezirk	Datum der Verordnung	Inkrafttreten der Verordnung am
Hessen, Großherzogtum	10.10.1899	01.01.1900
Sachsen-Weimar-Eisenach	18.02.1900	OD
Sachsen-Coburg-Gotha	22.04.1900	01.05.1900
Baden	26.03.1901	01.05.1901
Elsaß-Lothringen, Bez. Unterelsaß	29.03.1901	OD
Sachsen, Königreich	03.04.1901	01.06.1901
Elsaß-Lothringen, Bez. Lothringen	08.04.1901	OD
Elsaß-Lothringen, Bez. Oberelsaß	10.04.1901	OD
Berlin (Preußen)	15.04.1901	15.06.1901
Ostpreußen (Preußen)	06.06.1901	OD
Rheinprovinz (Preußen)	01.07.1901	01.01.1902
Posen (Preußen)	03.07.1901	01.08.1901
Brandenburg (Preußen)	08.07.1901	01.09.1901
Westfalen (Preußen)	10.07.1901	01.01.1902
Hannover (Preußen)	16.07.1901	01.10.1901
Schaumburg-Lippe	16.07.1901	01.10.1901
Schlesien (Preußen)	06.09.1901	01.11.1901
Hessen-Nassau (Preußen)	13.11.1901	01.01.1902
Sachsen (Preußen)	02.12.1901	01.02.1902
Anhalt	18.03.1902	01.04.1902
Westpreußen (Preußen)	25.03.1902	01.06.1902
Württemberg	25.04.1902	01.06.1902
Sachsen-Meiningen	06.05.1902	01.06.1902
Bayern	07.05.1902	01.06.1902
Pommern (Preußen), Reg.-Bez. Stettin	12.07.1902	01.08.1902
Hamburg	08.08.1902	01.09.1902
Mecklenburg-Schwerin	08.09.1902	OD
Mecklenburg-Strelitz	08.09.1902	OD
Waldeck	11.09.1902	01.10.1902
Pommern (Preußen), Reg.-Bez. Köslin	01.10.1902	01.11.1902

Bundstaat/Provinz/Regierungsbezirk	Datum der Verordnung	Inkrafttreten der Verordnung am
Schleswig-Holstein (Preußen)	22.01.1903	01.04.1903
Oldenburg	02.02.1903	01.03.1903
Braunschweig	05.03.1903	01.07.1903
Lübeck	09.09.1903	01.10.1903
Sigmaringen (Preußen)	14.10.1903	01.11.1903
Pommern (Preußen), Reg.-Bez. Stralsund	21.11.1903	01.01.1904
Bremen	05.05.1904	15.05.1904
Fürstentum Lübeck	06.06.1904	15.06.1904
Fürstentum Birkenfeld	18.07.1904	15.08.1904
Sachsen-Altenburg[1]	08.09.1905	21.09.1905

S. 38f.: komplette Tabelle der Unterscheidungszeichen bis 1906 ohne Baden und Hessen

Unterscheidungszeichen	Zulassungsbezirk	Geltungsdauer
A	Berlin	1902-1906
A	Anhalt	1902-1945
Berlin	Berlin	1901-1902
BG	Braunschweig, Landkreis Braunschweig	1903-1906
BL	Braunschweig, Landkreis Blankenburg	1903-1906
BR	Braunschweig, Stadt Braunschweig	1903-1906
Brandenburg	Preußen, Provinz Brandenburg	1901-1902
C	Preußen, Provinz Ostpreußen	1902-1906
D	Preußen, Provinz Westpreußen	1902-1906
E	Preußen, Provinz Brandenburg	1902-1906
FB	Fürstentum Birkenfeld	1904-1906
FL	Fürstentum Lübeck	1904-1906
GM	Braunschweig, Kreis Gandersheim	1903-1906
H	Preußen, Provinz Pommern	1902-1906
Hannover	Preußen, Provinz Hannover	1901-1902
HE	Braunschweig, Kreis Helmstedt	1903-1906
Hessen-Nassau	Preußen, Provinz Hessen-Nassau	1902
HO	Braunschweig, Kreis Holzminden	1903-1906
J	Preußen, Provinz Posen	1902-1906
K	Preußen, Provinz Schlesien	1902-1906
L	Hansestadt Lübeck	1903-1906
M	Preußen, Provinz Sachsen	1902-1906
Mecklenburg-Schwerin	Mecklenburg-Schwerin	1902-1906
Mecklenburg-Strelitz	Mecklenburg-Strelitz	1902-1906
Oldenburg	Oldenburg Großherzogtum	1903-1906
Ostpreußen	Preußen, Provinz Ostpreußen	1901-1902
P	Preußen, Provinz Schleswig-Holstein	1903-1906
Posen	Preußen, Provinz Posen	1901-1902

Unterscheidungszeichen	Zulassungsbezirk	Geltungsdauer
R.j.L.	Reuß jüngere Linie	1904?-1906
Rheinprovinz	Preußen, Provinz Rheinprovinz	1902
S	Preußen, Provinz Hannover	1902-1906
Sachsen	Preußen, Provinz Sachsen	1902
Schlesien	Preußen, Provinz Schlesien	1901-1902
SL	Schaumburg-Lippe	1903-1945
SM	Sachsen-Meiningen	1905-1920
T	Preußen, Provinz Hessen-Nassau	1902-1906
W	Waldeck	1902-1929
Westfalen	Preußen, Provinz Westfalen	1902
WO	Braunschweig, Wolfenbüttel	1903-1906
X	Preußen, Provinz Westfalen	1902-1906
Z	Preußen, Provinz Rheinprovinz	1902-1906
I (römische Ziffer)	Sachsen, KH Bautzen	1901-1945
II "	Sachsen, KH Dresden	1901-1945
III "	Sachsen, KH Leipzig	1901-1945
IV "	Sachsen, KH Chemnitz	1901-1945
V "	Sachsen, KH Zwickau	1901-1945

S. 43: statt rumänisches lies russisches

Kaiser, Könige und Fürsten

S. 44: Der Herzog von Sachsen-Altenburg hatte am 07.03.1908 das Kennzeichen **S.A. 1** an seinem Kfz. Am 25.03.1908 werden alle Polizeiposten darüber informiert, dass der Herzog das Kennzeichen zu **S.A. mit einer Krone** gewechselt hat. Wie das Foto auf der folgenden Seite zeigt, war offenbar nur die Krone auf dem Nummernschild. Im Buch "Die deutschen Kraftfahrzeug-Besitzer in der Reihenfolge der polizeilichen Kennzeichen - Deutsches Automobil-Adreßbuch" von 1909 werden als herzogliche Kennzeichen Krone I und Krone II angegeben. Ein Bild des Kennzeichen **Krone I** nächste Seite.

Vor ein paar Jahren gab es im Schlossmuseum des Residenzschlosses Altenburg eine Ausstellung zum Thema. In der Auflistung der Kraftfahrzeuge erscheinen neben den Kennzeichen SA Krone 1 und 2 noch SA Krone 400, 404, 407, 434 und 473.

Fahrzeug des Herzogs von Sachsen-Altenburg 1908

Das Kennzeichen Krone I des Herzogs von Sachsen-Altenburg

Preußen

S. 49f.: **Provinz Posen:** Der Regierungsbezirk Bromberg erhielt 1914 die Kennzeichen IY 2001-2300 und der Regierungsbezirk Posen 1915 die Kennzeichen IY 2301-2800 zugeteilt.

S. 68:	L. Jüterbog	**IE**	133001-137000

S. 71:

L. Swinemünde/ Usedom-Wollin	**IH**	35501-36500, 45501-46000, 87801-89800, 114001-115000, 191501-192500, 201501-204500	0791-0810

S. 73: letzte Zeile:	L. Liegnitz	**IK**	222001-223000, 437001-440000

S. 87: **Provinz Westfalen:** Die Serie IX-700000 bis IX-800000 wurde erst nach dem Krieg vergeben[2].

Bayern

S. 96:	L Bergreichenstein	**IIC**	201721-201750, ... jeweils plus 1000, 280721-280750
S. 98:	PA Zweibrücken	**IID**	... 15101-15200...
S. 99:	L Neustadt a.Waldnaab	**IIE**	601-640 (40601-40640)
S. 100:	OBM Coburg	**IIH**	113201-113300

Reuß jüngere Linie

S. 133ff.: Für das Kennzeichen **R.j.L.** (nicht **R.d.J.** wie fälschlicherweise an einigen Stellen) konnte kein offizieller Nachweis gefunden werden.

Saargebiet

S. 140: Im Circulaire B Nr. 35 des französischen Ministeriums der Öffentlichen Arbeiten vom 17.04.1920 wird das neue Kennzeichen **S.A.A.R.** für das besetzte Saargebiet genannt. Somit kann vermutet werden, dass dieses Kennzeichen bereits mit der erwähnten Verfügung vom 11.02.1920 eingeführt wurde. Die bekannten unterschiedlichen Schreibweisen des Unterscheidungszeichen **SAAR** oder **Saar** hängen offenbar mit diesem Circulaire zusammen, weil in ihm **SAAR** mit Großbuchstaben geschrieben wird. In der deutschen Verordnung vom 28.07.1920 wird Saar mit Kleinbuchstaben geschrieben – **Saar**.

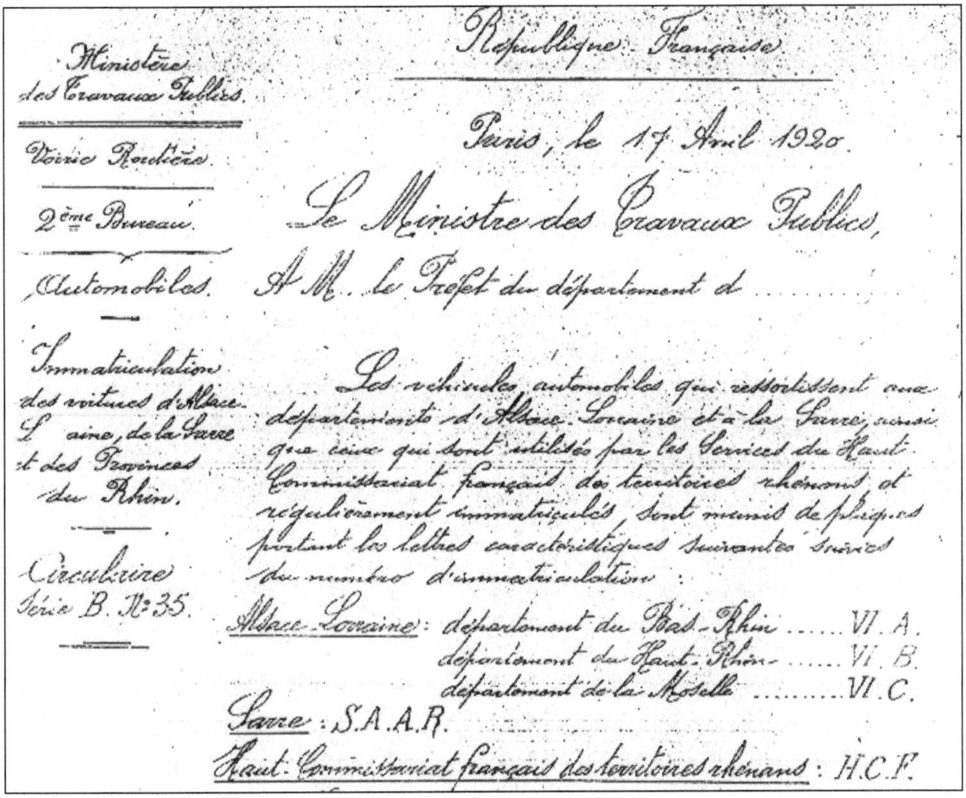

Ministère des Travaux Publics.

Voirie Routière.

2ème Bureau.

Automobiles.

Immatriculation des voitures d'Alsace-Lorraine, de la Sarre et des Provinces du Rhin.

Circulaire Série B. N° 35.

République Française.

Paris, le 17 Avril 1920.

Le Ministre des Travaux Publics,

A M. le Préfet du département d ......

Les véhicules automobiles qui ressortissent aux départements d'Alsace-Lorraine et à la Sarre, ainsi que ceux qui sont utilisés par les Services du Haut-Commissariat français des territoires rhénans et régulièrement immatriculés, sont munis de plaques portant les lettres caractéristiques suivantes suivies du numéro d'immatriculation :

Alsace-Lorraine : département du Bas-Rhin ..... VI. A.
département du Haut-Rhin ..... VI. B.
département de la Moselle .... VI. C.

Sarre : S.A.A.R.

Haut-Commissariat français des territoires rhénans : H.C.F.

Oldenburg – Landesteil Birkenfeld

S. 145: Im Fürstentum Birkenfeld galt seit dem 15.08.1904 das Erkennungszeichen **FB**[3].

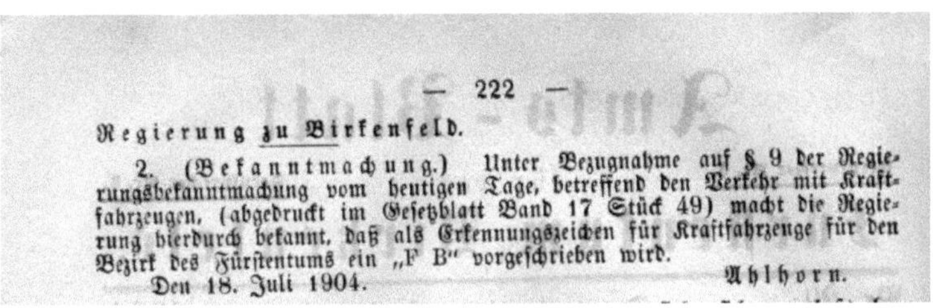

— 222 —

Regierung zu Birkenfeld.

2. (Bekanntmachung.) Unter Bezugnahme auf § 9 der Regierungsbekanntmachung vom heutigen Tage, betreffend den Verkehr mit Kraftfahrzeugen, (abgedruckt im Gesetzblatt Band 17 Stück 49) macht die Regierung hierdurch bekannt, daß als Erkennungszeichen für Kraftfahrzeuge für den Bezirk des Fürstentums ein „F B" vorgeschrieben wird.

Den 18. Juli 1904. Ahlhorn.

Oldenburg – Landesteil Lübeck

S. 145: Im Fürstentum Lübeck wurde am 06.06.1904[4] eine Verordnung über den Verkehr mit Kraftfahrzeugen beschlossen. Sie trat am 15.06.1904 in Kraft. Es wurde ein Erkennungszeichen **FL**[5] und eine Erkennungsnummer eingeführt.

> Gemäß § 9 der am 15. d. Mts. in Kraft tretenden Regierungsbekanntmachung vom 6. d. M., betr. den Verkehr mit Kraftfahrzeugen, wird bekannt gemacht, daß als Erkennungszeichen für Kraftfahrzeuge im Fürstentum Lübeck ein „F L" festgesetzt ist.
>
> Eutin, 1904, Juni 12.
>
> Großherzogliche Regierung. v. Buttel.

Lübeck

S. 152: Am 11.09.1903 fragte der Lübecker Bürgermeister[6] beim Reichsamt des Inneren nach, ob der Buchstabe „**L**" als Ortszeichen zur Anbringung auf den Nummernschildern der im Lübecker Staatsgebiet befindlichen Kraftfahrzeuge noch frei ist. Diese Anfrage wurde am 19.09.1903 positiv beantwortet. Einen Zusatz zur Verordnung von 1903 konnte indes nicht ermittelt werden. Am 01.10.1903 erhielt das erste Lübecker Fahrzeug den Buchstaben **L** gefolgt von einer Nummer beginnend mit 1[7].

Mit der reichsweiten Automobilverordnung trat am 01.10.1906 eine Änderung des Erkennungszeichens ein. Aus L wurde HL. Am 01.01.1907 waren in Lübeck 37 Krafträder und 17 Kraftwagen im Stadtgebiet zugelassen.

Bremen

S. 153: Im Landesarchiv Bremen konnte kein Nachweis für die Verwendung des Bremer Schlüssels in den Kennzeichen gefunden werden.

In Bremen waren die Kennzeichen HB 1-900 am 20.10.1938 wie folgt verteilt[8]:

HB 1-40	Wagenpark des Kraftfahrwesens Buchstr. (Polizeihaus Bremen)
HB 41-200	Baubehörden
HB 201-250	E-Werk
HB 251-300	Verschiedene Behörden
HB 301-400	Gaswerk
HB 401-500	Vorläufig reserviert
HB 501-570	Parteidienststellen
HB 571-600	Reichsbehörden
HB 601-700	Reichsarbeitsdienst
HB 701-799	Konsule
HB 800-900	Frei
HB 30001-30025	Berufskonsule

Hamburg

S. 154: Die seit 01.09.1902 Kennzeichen hatten **zwei schwarze fünfeckige Sterne**, je einen vor und einen hinter der „Polizei-Nummer".

Konsule in Hamburg nutzten 1938 die Serie HH 700-799.

Bei den erwähnten Hamburger Kennzeichen höher **HH 150000** handelt es sich ausschließlich um Filmkennzeichen verschiedener UFA-Produktionen.

S. 160: Für die Zeit vor 1910 sind schwarze deutsche Kennzeichen mit weißer Schrift entdeckt worden. Es gab damals offenbar eine Reihe von Pendlern aus den umliegenden Staaten, die mit ihrem Kfz nach Deutschland auf Arbeit fuhren. Sie hätten dann ein Zollkennzeichen erwerben müssen. Die Gebühren für den Erwerb eines Zollkennzeichens und Steuern für die Einfuhr eines Kfz waren hoch. So gab es die Möglichkeit für Ausländer ein deutsches Kennzeichen für sein Kfz zu erwerben. Im Buch "Die deutschen Kraftfahrzeug-Besitzer in der Reihenfolge der polizeilichen Kennzeichen - Deutsches Automobil-Adreßbuch" von 1909 wird eine größere Anzahl von Ausländern aufgeführt. Als Besitzer des Motorrades **IZ 7022** wird "van Leeuwen, Major a. D., Beek bei Nymegen (Holl.)" aufgeführt. (s. Foto unten)

© S.C. v. d. Kamp

Eine Besonderheit waren Kfz-Kennzeichen aus Gummi.

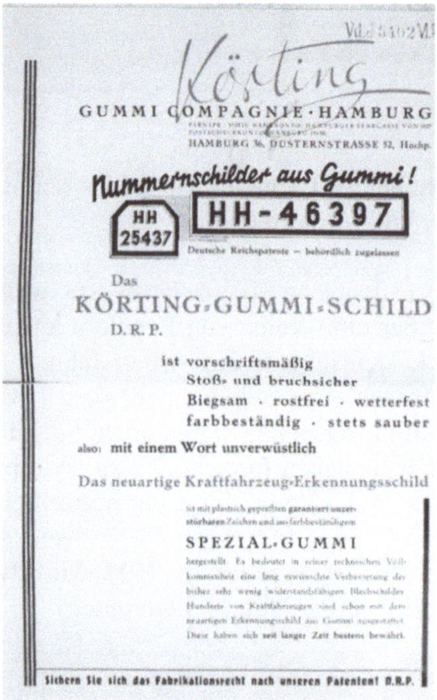

© Mark Prüfer

S. 168: In selten Fällen wurden die Kennzeichen in einem anderen Bundesstaat abgestempelt (s. auch Bd. 1, S.104). Hier hat das Kennzeichen aus Mecklenburg-Schwerin einen Stempel der preußischen Polizei-Verwaltung Perleberg. Wahrscheinlich war das Originalkennzeichen verloren gegangen und für die Weiterfahrt wurde ein Ersatzkennzeichen benötigt.

Kennzeichen militärischer Fahrzeuge und paramilitärischer Organisationen

I. Weltkrieg

S. 190: Ergänzung der Tabelle:

AK	Alpenkorps (1915?-1918)
Fl.	Luftstreitkräfte (Fliegerformationen) zur Verfügung der O.H.L. (1917-1918)
S.F.	Sonderformationen zur Verfügung der O.H.L. (1917-1918)
XX	Nord-Korps? (1915)
XXI	Pascha 1? (1916)

Alpenkorps

Fahrzeuge des Nordkorps?

Fahrzeug des Festungsgouverneurs der Festung Strasburg
©Andreas Bauer

S. 207: An den Kfz war das Anbringen einer Tafel mit der Zugehörigkeit, der Kennung und den technischen Daten des Fahrzeuges üblich.

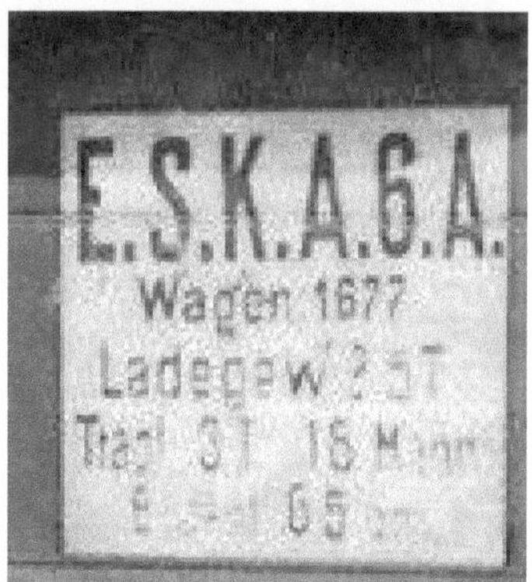

S. 188 ff. u. S. 279: Für die Krankenwagen eines Armeekorps konnte ein Sonderkennzeichen in einer zeitgenössischen Zeitschrift gefunden werden. Das Kennzeichen ist zweizeilig **XIII K.W. A.K.** Es ist unklar, ob es eine Eigenschöpfung des 13. Armeekorps war oder ob Krankenwagen bei allen Armeekorps so gekennzeichnet wurden. (Abb. s. nächste Seite)

S. 196: Fotografie eines Fahrzeuges des Kaiserlichen Freiwilligen Automobil-Corps

Zwischenkriegszeit
S. 217: Militärfahrzeuge in Bremen erhielten am 08.02.1921 die Zulassungen HB 25000-25999 und HB 02500-02599.

II. Weltkrieg
S. 222/225: Die Stempel für Wehrmachtfahrzeuge enthielten bis 1943 den Wehrmachtsadler im Zentrum und die Umschrift *Dienststelle* oben sowie *Feldpostnummer XXXXX* unten, hier *FPN 08045*. Das Kennzeichen hängt an einem in Nordafrika eroberten Kübelwagen, der sich im War Memorial in Canberra befindet. Nach Kannapin gehörte diese Feldpostnummer 1940/41 zum Kommando der 15. Panzerdivision und wurde August 1943 in Tunis gestrichen.

Sonderkennungen im Dritten Reich

S. 242ff: Kurze Übersicht über die Sonderkennungen

Wehrmachtsteil/Behörde	Abkürzung	Bedeutung
Festungskommandantur Kreta	KR	Festungskommandantur Kreta
Generalbevollmächtigter für das Kraftfahrzeugwesen	GBK	Generalbevollmächtigter für das Kraftfahrzeugwesen
Generalinspekteur für das Straßenwesen	GI	Generalinspekteur für das Straßenwesen
Heer in Frankreich	BK	Beutefahrzeug?/ Besatzungskommandantur?
Heer - WH	F	Frankreich
Heer - WH	I oder J	Instandsetzung
Heer - WH	P	Post
Heer - WH	Pol	Polizei
Heer - WH	T	Transport?
Heer - WH	VZ	Volksdeutsche Zentrale?
Luftwaffe - WL	B	?
Luftwaffe - WL	EWZ	Einwanderungszentrale?

Wehrmachtsteil/Behörde	Abkürzung	Bedeutung
Luftwaffe - WL	K	Kirkenes in Norwegen?
Luftwaffe - WL	N	Niederlande
Luftwaffe - WL	Sp	NSKK-Transportstandarte Speer
Luftwaffe - WL	T	Transport?
Marine - WM	N	Norwegen
Oberbefehlshaber Ost	ObOst	Oberbefehlshaber Ost
Verstärkter Grenzaufsichtsdienst Küste?	VGAD-K	Verstärkter Grenzaufsichtsdienst Küste?

Heer

S. 242:

W.H.F.-18 kurz nach dem Einmarsch in Frankreich 1940

Dank an Peter Pawellek

WH-Pol-1031 – Aus einer Facebookgruppe

© Europlate 193 J-Instandsetzung

S. 243: Zusatzbuchstabe N bei der Marine

S. 243: Luftwaffenfahrzeug in den Niederlanden

S. 244: **BK** könnte auch Beute-Kfz bedeuten

S. 247: Die richtige Kennung ist **GI-0274**

Militärbefehlshaber
S. 249ff.: Einige weitere Kennzeichenfotografien

Befehlshaber der deutschen Truppen in Dänemark

Militärbefehlshaber in Frankreich – Groß-Paris

Militärbefehlshaber Belgien-Nordfrankreich

S. 249ff.:
Die Kennungen MB10000 ff. bis etwa MB13000 (MB 12034 als Fotografie nachgewiesen) wurden wahrscheinlich komplett an die Organisation Todt vergeben.

Unbekannte Militärkennzeichen

Das Kennzeichen **VGAD-K 532** wurde nach dem Krieg zusammen mit WH-, WL- und Pol-Kennzeichen in einem belgischen Warenlager gefunden. Die Bedeutung der Abkürzungen ist nicht sicher bekannt. Es könnte sich um bisher unbekannte Kennzeichen für den „**Verstärkten Grenzaufsichtsdienst Küste**" handeln. Dieser war in Belgien und den Niederlanden, möglicherweise auch an der französischen Kanalküste, im Einsatz. Dokumente konnten bisher nicht gefunden werden

Völlig unbekannt ist die Bedeutung des Kennzeichen **WS**. Es könnte ein Provisorium sein, wobei im Bereich des Wehrmachtbefehlshabers Serbien ein WH-Kennzeichen in WS geändert wurde. (Vgl. Band 1, S.225 u. 228)
Natürlich ist eine Fälschung nicht sicher auszuschließen.

Polizei
S. 255: in der Tabelle gibt es eine Ergänzung:

Weitere Nummernreihen für die Dokumente vorliegen:	
Feuerlöschpolizei Untersteiermark	178501-179000
Hamburg	185001-186000
Feuerwehren in der Steiermark	206001-207850 (208000)
Plön, Schleswig-Holstein	208812 (Original) (208001-209000?)
???	226xxx (226795 auf Fotografie)
Höherer SS- und Pol.-Führer Griechenland	228xxx (228494 auf Fotografie)
Bayern	230001-233000
Technische Nothilfe	240001-260000

Im Generalgouvernement gab es kurzfristig eine Kennung **Pol-Gouv**.
(Abb. s. re.)

Deutsches Rotes Kreuz

S. 279: In einem Brief des DRK-Präsidiums von 1979 macht der Leiter (von 1943-1945) der Registrierstelle für Kraftfahrzeuge die Aussage, dass die Nummern bei Ankauf laufend vergeben wurden und die Fahrzeuge dann reichsweit verteilt wurden. Somit gibt es keinerlei weitere Zuordnung, weder auf Gebiete noch nach Fahrzeuggattung.

Die Fahrzeuge des ASB (Arbeiter-Samariter-Bund) hatten an ihren Fahrzeugen das Bundeslogo, ähnlich dem Anhängerzeichen (Bd.1, S.374). Das Logo war rund und rot, darin ein weißes Kreuz mit der waagerechten Inschrift A.S.B. in schwarz.

Der erste ASB-Wagen 1916, © ASB-Magazin 3/98

Schutzstaffeln

S. 282: Die Serie SS 500000ff. ist eindeutig dem Kfz-Depot Prag zuzuordnen.

Foto vom 23.08.1944: Übungsplatz der SS in Prosetschnitz.
Von links der stellvertretende Oberbürgermeister von Prag Prof. Dr. Josef Pfitzner, der Befehlshaber der Schule in Prosetschnitz SS-Oberststurmbannführer Hans Kempin, General Pückler und ein unbekannter SS-Scharführer – höchstwahrscheinlich der Fahrer.
Der aluminiumsilberne Tatra 97 mit chromierten Stoßstangen hat auf dem linken Kotflügel den schwarz-weißen Autostander eines Befehlshabers der Waffen-SS in Böhmen und Mähren sowie auf dem rechten Kotflügel einen Autostander für Generale (Heer)
(Dank an Roman Klimeš)

Im II. Weltkrieg besetzte Gebiete
Österreich

S. 301: die korrekte Bildunterschrift lautet:
Kennzeichen der österreichischen Bundesbahnen kurz nach dem Anschluss

S. 306: Die komplette Tabelle lautet:

Nd 1-14	Gauleiter, Landeshauptmann, Gauleiterstellvertreter, Regierungsdirektor u. Landräte
Nd 15-49	Gauleitung
Nd 50-299	Landeshauptmannschaft für PKW
Nd 300-399	Landeshauptmannschaft für LKW bis 3.5 t
Nd 400-499	Landeshauptmannschaft für LKW über 3,5 t, Krafträder u. Sonstige

S. 313: In der Tabelle unten:

Freistadt Bezirk	51000-51399 59000-59499 (Autos+Kräder)	51400-51499, 151400-151499

S. 313: Hier eine spätere Fotografie des österreichischen Bundeswappen als Kennzeichen am Fahrzeug des Bundespräsidenten.

Mercedes-Benz 600 Pullman (1964) mit dem Kennzeichen W-1.000 © APA/Dorotheum

Saarpfalz
S. 328: Das Polizeipräsidium Saarbrücken (SN 5999) verwaltete den Nummernbereich Wm 368000-369499 für die Orte Forbach, Kleinrosseln, Spichern und Alstingen des Landkreises St. Avold. In der Tabelle muss es heißen:

Diedenhofen PA	Wm 322500-323999, Wm 325500-326999, Wm 328500-329899, Probefahrt: Wm 0329000-0329949

Luxemburg
S. 330: In Luxemburg wurde schon vor der Besatzung das Unterscheidungszeichen Lux geführt, wie diese Fotografie von 1935 zeigt. Allerdings waren die Nummernschilder schwarz mit weißer Schrift.

Alle wichtigen Teile des Wagens werden nachgesehen. Bild: Moselland-Bilderdienst.

S. 330: Abb. li.. Ein LUX-Kennzeichens in einer zeitgenössischen Zeitschrift

Reichskommissariat Ukraine

S. 358: Die einzige dem Autor bekannte Fotografie eines RU-Kennzeichens
Am Kühlergrill das Emblem des DDAC

Reichskommissariat Ostland

S. 352: Das erwähnte Kennzeichen BM (Bezirk oder Bürgermeister Minsk) konnte bildlich nachgewiesen werden. Das Kennzeichen BM-10 280 wurde an einem erbeuteten russischen Panzerspähwagen gefunden, der im Gebiet Minsk im Einsatz war und wahrscheinlich dem Weißruthenischen Selbsthilfewerk gehörte (Bild: Sammlung Werner Regenberg).

S. 356: Der Stadt Kauen wurden im Oktober 1943 weitere Kennzeichen zugeteilt[9]

Kauen Stadt SK	RO 62000-63999

S. 371: Inschrift G<u>K</u>

S. 386: **Kennzeichen der Alliierten**: Im Circulaire B Nr. 35 des französischen Ministeriums der Öffentlichen Arbeiten vom 17.04.1920 wird das Kennzeichen **H.C.F.** für das Hohe Französische Kommissariat der (besetzten links-)rheinischen Gebiete (Haut Commissariat français des territoires rhénans) eingeführt. Ob es bis zum Ende der französischen Besetzung verwendet wurde, ist nicht bekannt. (s. Abb. S. 15)

S. 394: in der obersten Tabelle muss es heißen:

BH Weiz	H 971-999, HI 971-999

S. 412: in der Tabelle muss es heißen:

NZA Hohenweiler	WZ 171-270, WZ I 661-I 800

S. 415: in der Tabelle Seitenmitte muss es heißen:

Fahrräder mit Hilfsmotor bis 1,5 PS	951-999

S. 421: in der Tabelle Wien muss es heißen:

Bundesheer	A 20000-21999

Zollkennzeichen

S. 171ff.: Victor Brumby hat einige Zollkennzeichen im Bereich 11000-19999 finden können. Leider sind die Herkunft der Kfz bzw. die Orte der Fotografien unbekannt. Die Bilder zeigen die wahrscheinliche Verwendung der Zollkennzeichen in den besetzten Gebieten. Die Durchsicht von Reichszollblatt, Reichssteuerblatt und Reichsfinanzblatt brachte keine neuen Erkenntnisse.
Alle Zollkennzeichen **31000ff.** wurden in den **USA** durch Deutsche Konsulate z.B. New York ausgegeben und lassen sich möglicherweise mit den **Olympischen Spielen 1936** in Deutschland in Verbindung bringen.
Das Deutsche Reich führte einen Olympia-Zollvormerkschein ein. Dieser war gültig zur Einreise vom 01.-16.02.1936 und vom 25.07.-16.08.1936 sowie zur Ausreise vom 01.02.-16.03.1936 und vom 25.07.-16.09.1936.

Van de nieuwe Henschel dieselchassis werden reeds verschillende door de N.V. Adr. Beers, den Haag, in Holland geïmporteerd.

AF 1910

NÄST SISTA BILEN FRÅN BERLIN . . .

Kapten Sigvard Drake, P-4, Skövde, skildrar i nedanstående brev en spännande hemfärd från Berlin med sin Ford Eifel Cabriolet. Bilden tagen utanför Hedbergs i Malmö.

Interessant ist das Zusatzschild SCHWEDEN DIPLOMAT, oberhalb der Inschrift der Reichsadler

Bilder Victor Brumby, John Harrison und zeitgenössische Zeitschriften

Ergänzungen zu Band 2

Kurze Übersicht

S. 23ff.: In der Übersicht fehlen
E – Stadt Brandenburg 1945
IS – Provinz Hannover 1947
MGM – Military Government Mecklenburg 1945

Amerikanische Besatzungszone

S. 32: Im Stadtarchiv Nabburg ist eine Zulassungsliste aller zugelassenen Kfz erhalten geblieben. Interessant ist, dass in den Auflistungen neben den IIE-Kennzeichen auch 42 CIV... Kennzeichen stehen. Kennzeichen mit CiV316.xxxxx waren somit zweifelsfrei im früheren Kreis Nabburg zugelassen. z. B. CiV 316.22930; CiV 316.6730; CiV 316.22338 CiV 316.70337/69 Dank an Manfred Kosch
Daraus folgernd, vermutet der Autor, dass die amerikanische Besatzungszone ebenfalls wie die britische in nummerierte Detachements eingeteilt war und diese Nummer im Kennzeichen verwendet wurde.

© Christian Hansow

Britische Besatzungszone

S. 65: In Celle Land wurde am 01.03.1947 ein PKW von LÜN 12387 auf **IS 12083** umgeschrieben. Der Halterwechsel war bereits am 11.01.1947 gemeldet worden. Ein Omnibus erhielt ebenfalls kurzzeitig die Zulassung **IS 110853**. Die mögliche Erklärung ist:

1. Bis zum 31.3.47 sollte das neue System eingeführt sein – für Celle/Land HA 42-xxxx, aber die Verteilung auf die Landkreise war noch nicht bekannt gegeben u./o. eine vorfristige Verwendung war verboten, und
2. Das Kontingent an LÜN Zulassungen (nur 1750!) war erschöpft und kein neues mehr zugeteilt werden durfte.

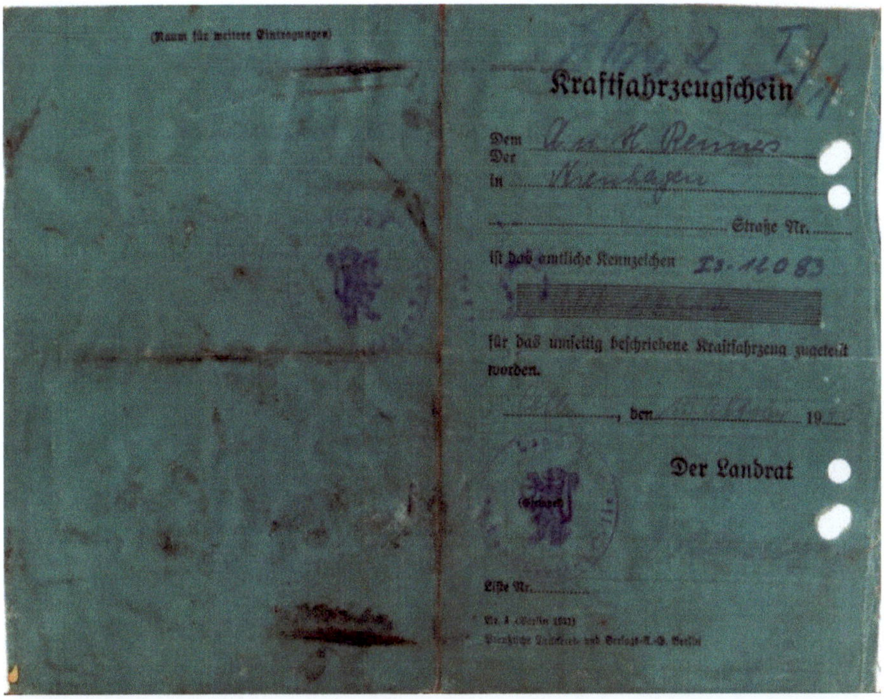

(Raum für weitere Eintragungen)

Kraftfahrzeugschein

Dem / Der A. u. H. Remmes

in Kronhagen

.... Straße Nr. ......

ist das amtliche Kennzeichen I S - 12083

für das umseitig beschriebene Kraftfahrzeug zugeteilt worden.

.........., den .... 19..

Der Landrat

(Siegel)

Liste Nr. ....

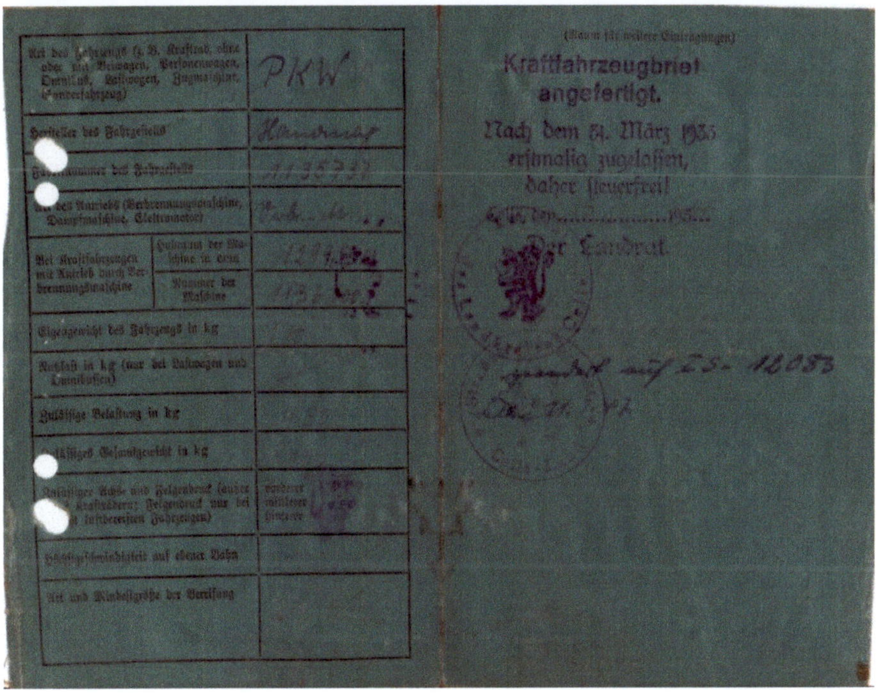

Art des Fahrzeugs (z. B. Kraftrad, ohne oder mit Beiwagen, Personenwagen, Omnibus, Lastwagen, Zugmaschine, Sonderfahrzeug)	PKW
Hersteller des Fahrzeugs	Hanomag
Fabriknummer des Fahrgestells	1135737
Art des Antriebs (Verbrennungsmaschine, Dampfmaschine, Elektromotor)	[illegible]
Bei Kraftfahrzeugen mit Antrieb durch Verbrennungsmaschine: Hubraum der Maschine in ccm	1297
Bei Kraftfahrzeugen mit Antrieb durch Verbrennungsmaschine: Nummer der Maschine	[illegible]
Eigengewicht des Fahrzeugs in kg	
Nutzlast in kg (nur bei Lastwagen und Omnibussen)	
Zulässige Belastung in kg	
Zulässiges Gesamtgewicht in kg	
Zulässiger Achs- und Felgendruck (außer bei Krafträdern; Felgendruck nur bei luftbereiften Fahrzeugen)	vorderer / mittlerer / hinterer
Höchstgeschwindigkeit auf ebener Bahn	
Art und Mindestgröße der Bereifung	

(Raum für weitere Eintragungen)

Kraftfahrzeugbrief angefertigt.

Nach dem 31. März 1933 erstmalig zugelassen, daher steuerfrei!

.........., den .... 193..

Der Landrat

geändert auf I S - 12083

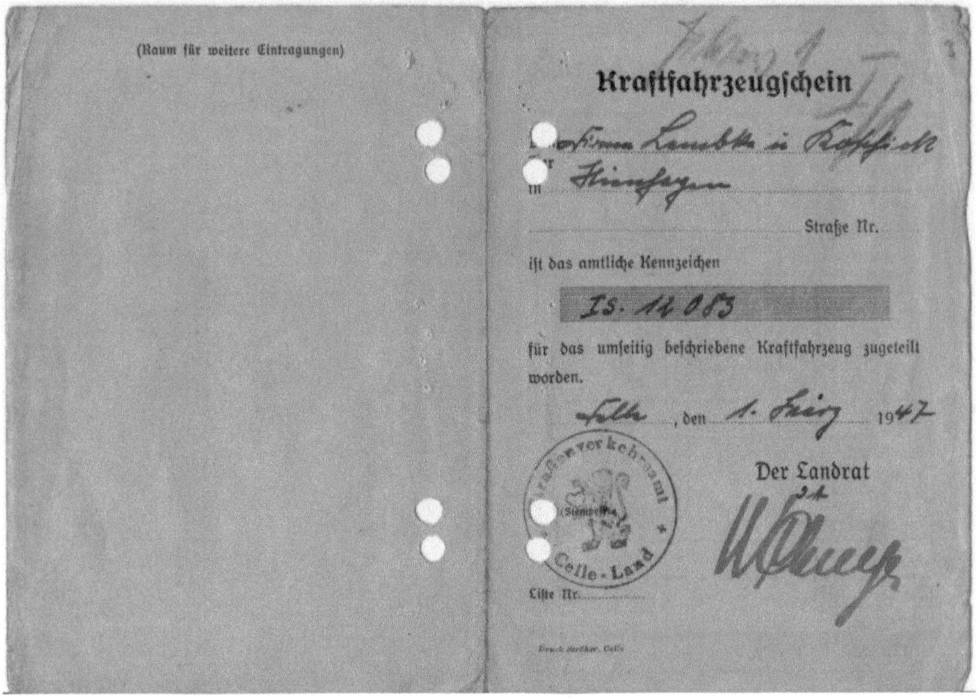

(Raum für weitere Eintragungen)

Kraftfahrzeugschein

Straße Nr.

ist das amtliche Kennzeichen

Is. 14 083

für das umseitig beschriebene Kraftfahrzeug zugeteilt worden.

Celle, den 1. März 1947

Der Landrat

Celle-Land

Liste Nr.

(Oliver Schneider) Firmenarchiv Lembke & Koschick

Vermutlich gibt es noch weitere Kreise, die Anfang 1947 oder 1948 aus der Not heraus kurzfristig auf reichsdeutsche Kennungen zurückgriffen.

Sowjetische Besatzungszone

Brandenburg

S. 84ff.: Kurz nach dem Krieg beschloss der Magistrat der Stadt Brandenburg an der Havel Kraftfahrzeuge aller Typen ohne besondere Systematik mit dem ehemaligen Provinzbuchstaben **E** und einer laufenden Nummer zuzulassen[10]. Am 22.09.1945 waren die Kennzeichen **E1-E235** vergeben. Im Oktober 1945 erfolgte die Umkennzeichnung in **BP**.

Bild: Stadtmuseum Brandenburg

Das in Band 2 auf Seite 85 erwähnte Kennzeichen IM wurde höchstwahrscheinlich nur im Zulassungsbereich der Stadt Erfurt verwendet.

Sonderkennzeichen

S. 101: Auch Taxen erhielten die genannten BT-Kennzeichen. Das Zusatzschild Taxi ist ebenfalls in Russisch

© Cedric SABINE

Feuerwehren
S. 102: Auch in Sachsen-Anhalt und Mecklenburg-Vorpommern hatten die Feuerwehren die Schlüsselnummer 02.

Feuerwache Magdeburg-Mitte, © Hartmut Greulich

Zollkennzeichen 1945 bis 1950

Beide Aufnahmen ca. 1945/46 Bremerhaven
Bilder Victor Brumby und John Harrison

S. 111: Über den Überseehafen Bremen importierten viele amerikanische Offiziere und Soldaten ihre Privatfahrzeuge nach Deutschland. Da Bremen durch die britische Besatzungszone vom Rest der amerikanischen Besatzungszone getrennt war, erhielten diese Fahrzeuge zur Überführung ein deutsches Zollkennzeichen. Erstaunlich ist schon, dass man die deutschen Zollkennzeichen und nicht irgendwelche eigenen verwendete. Diese Praxis wurde von 1945 bis 1950/51? getätigt.
In der Nachkriegszeit wurden bei Bedarf neue Zollkennzeichen hergestellt. Wahrscheinlich griff man auf die vorhandenen Nummernkontingente zurück. Ab 1948 waren die Zollkennzeichen z.T. schwarz.

Aufnahme Karl Stroel

Dieses Zollkennzeichen gibt Rätsel auf. Vermutlich stammt es aus der Zeit um 1956, kurz vor oder nach der Einführung des Unterscheidungszeichens HH und beruht auf einem Missverständnis. Möglicherweise dachte man, dass die Ziffern, die das Zollamt angaben, durch das zuständige Unterscheidungszeichen ersetzt werden.

Aufnahme Karl Stroel

Deutsche Demokratische Republik

Volkspolizei

S. 132ff: Die Angaben zu Berlin müssen korrigiert werden. Der Nummernbereich VP 00-0000 bis VP 00-1999 war wahrscheinlich für das Polizeipräsidium Berlin reserviert, wurde aber nicht genutzt. Verwendung fanden nur die Zulassungen VP 00-0001 bis VP 00-0020 bis zum 01.02.1951. Stattdessen nutzte die Berliner Volkspolizei bis 1961 normale zivile I-Zulassungen.

VP in den 1950ger Jahren in Berlin (Dank an Andreas Borchert, Berlin)

Der Bedarf an Berliner VP-Kennzeichen wuchs nach 1961 deutlich an. In den Stasi-Unterlagen fand Herr Frank Tarnow eine Vielzahl solcher VP-Nummern, z.T. mit zivilen Tarnkennzeichen:

Folgende VP Kennzeichen mit ziviler Doppelbelegung finden sich in den Stasi Akten:

VP-Kennzeichen	Alternatives Kennzeichen	Fahzeugtyp
VP 00-0711	VP 00-3184	Trabant 601K (Kübel) für Polizei ungewöhnlich
VP 00-0718	IR 99-62	WAS 03 (vermutlich Lada Niva)
VP 00-3184	VP 00-0711	Trabant 601K (Kübel) für Polizei ungewöhnlich
VP 00-3231	IX 61-68	Wartburg AWE 353W
VP 00-3688	IBW 5-59 und IMR 9-34	Lada 21013
VP 00-3688	IR 95-92 und IBW 5-59	WAS 03 (vermutlich Lada Niva)
VP 00-4940	ICC 7-81 und IGC 9-30	Ikarus 256

VP-Kennzeichen	Alternatives Kennzeichen	Fahzeugtyp
VP 00-4949	ohne ziviles Kennzeichen	KOM/GKW
VP 00-5305	EB 80-21 und IM 31-19	UAS – Jeep
VP 00-5530	ohne ziviles Kennzeichen	Trabant 601K (Kübel) für Polizei ungewöhnlich
VP 00-6440	ohne ziviles Kennzeichen	WAS 2105 - HA XVII (Besucherbüro Westberlin - Grenzschleusungen)
VP 00-6480	ohne ziviles Kennzeichen	Barkas B1000 Sankra
VP 00-8081	IV 21-87	Wartburg AWE 353W

Bundesrepublik Deutschland

Kennzeichen privater Kfz

S. 162ff.: Im September 2018 wird erstmalig ein reserviertes Kennzeichen aufgeführt. Seit 2013 diskutiert man im Landkreis Weißenburg-Gunzenhausen über eine Namensänderung in Landkreis Altmühlfranken. Seinerzeit waren 83% der Bewohner gegen eine Umbenennung. Trotzdem hat der Landkreis das Unterscheidungszeichen **AF** offiziell beim BKA bis zum 30.04.2021 reserviert.
Am 01.11.2021 erhielt die Stadt Wolfsburg mit einer Ausnahmegenehmigung das Unterscheidungszeichen **WBG**. Dieses Kennzeichen dient als Reserve, da für E-Fahrzeuge nur noch relativ wenige Zulassungsreihen zur Verfügung stehen. Z.Z. wird es noch nicht vergeben.

Altkennzeichen

S. 173, Tab. B: Die Übersicht erfasst alle nach dem 01.05.2016 betroffenen Unterscheidungszeichen, die in dieser Tabelle noch nicht enthalten sind.

UZ	Ehemaliger Kreis	Datum Genehm.	Datum Ausgabe	Verwaltungsbezirk
BGD	Berchtesgaden	29.08.2016	15.09.2016	Landkreis Berchtesgadener Land
BK	Backnang	09.09.2013 21.02.2018	02.12.2013 01.09.2018	Rems-Murr-Kreis Landkreis Schwäbisch Hall
BSB	Bersenbrück	27.03.2018	11.06.2018	Landkreis Osnabrück
BSK	Beeskow	05.04.2017	01.09.2017	Landkreis Oder-Spree
EA	Wartburgkreis	24.01.2021	01.07.2021	Wartburgkreis
EH	Eisenhüttenstadt, Stadt und Kreis	05.04.2017	01.09.2017	Landkreis Oder-Spree
FW	Fürstenwalde	05.04.2017	01.09.2017	Landkreis Oder-Spree
HCH	Hechingen	18.02.2013 18.01.2018	25.02.2013 19.02.2018	Zollernalbkreis Landkreis Freudenstadt
LAN	Landau/Isar	07.02.2017	01.03.2017	Landkreis Dingolfing-Landau
LF	Laufen	29.08.2016 13.10.2016 13.10.2016	15.09.2016 01.10.2016 14.10.2016	Landkreis Berchtesgadener Land Landkreis Altötting Landkreis Traunstein
MAL	Mallersdorf	27.03.2018	02.07.2018	Landkreis Straubing-Bogen
MEL	Melle	27.03.2018	11.06.2018	Landkreis Osnabrück
OBB	Obernburg/Main	15.11.2017	15.01.2018	Landkreis Miltenberg
OTW	Ottweiler	21.07.2021	18.10.2021	Landkreis Neunkirchen
REI	Bad Reichenhall	29.08.2016	15.09.2016	Landkreis Berchtesgadener Land
SÄK	Säckingen	08.02.2021	15.03.2021	Landkreis Waldshut

UZ	Ehemaliger Kreis	Datum Genehm.	Datum Ausgabe	Verwaltungsbezirk
SLG	Saulgau	09.12.2019 17.12.2021	22.07.2020 01.03.2021	Landkreis Ravensburg Landkreis Sigmaringen
SMÜ	Schwabmünchen	15.12.2016	01.03.2017	Landkreis Augsburg
STO	Stockach	17.12.2020 08.02.2021	01.03.2021 01.04.2021	Landkreis Sigmaringen Landkreis Konstanz
SY	Grafschaft Hoya in Syke	09.03.2018	23.04.2018	Landkreis Diepholz
TT	Tettnang	05.11.2019	03.02.2020	Bodenseekreis
ÜB	Überlingen	05.11.2019 09.12.2019 17.12.2020	03.03.2020 22.07.2020 01.03.2021	Bodenseekreis Landkreis Ravensburg Landkreis Sigmaringen
VIB	Vilsbiburg	05.07.2013 28.04.2014 01.11.2018	10.07.2013 25.07.2014 02.01.2019	Landkreis Rottal-Inn Landkreis Landshut Landkreis Mühldorf am Inn
VIT	Viechtach	04.01.2018	01.03.2018	Landkreis Regen
WAR	Warburg	28.10.2019	08.11.2019	Landkreis Höxter
WER	Wertingen	05.07.2013 15.12.2016	10.07.2013 01.03.2017	Landkreis Dillingen a. d. Donau Landkreis Augsburg
WG	Wangen im Allgäu	09.12.2019	22.07.2020	Landkreis Ravensburg
WIT	Witten, Stadt	04.01.2018	01.03.2018	Landkreis Regen
WOL	Wolfach	25.03.2014 18.01.2018	31.03.2014 19.02.2018	Ortenaukreis Landkreis Freudenstadt
WS	Wasserburg am Inn	05.07.2013 01.11.2018	10.07.2013 02.01.2019	Landkreis Rosenheim Mühldorf am Inn
WTL	Wittlage	27.03.2018	11.06.2018	Landkreis Osnabrück
WZ	Wetzlar	19.07.2021	16.08.2021	Lahn-Dill-Kreis

Erwünschte und unerwünschte Kennungen

S. 216: Bestimmte Worte und Städtenamen sind unverändert begehrt. Hier einige hübsche Beispiele.

Es ist nicht bekannt, ob der Besitzer 557 Whisky-Sorten getestet hat

Merci = Danke auf Französisch

Der Ausdruck MILF wurde Anfang der 1990er Jahre im Slang von College-Studenten an der amerikanischen Westküste gebraucht und in der Bedeutung „mother I'd like to fuck“ vom Linguisten Laurel Sutton erstmals 1995 in einem Gender-Studies-Sammelband notiert (©Wikipedia, Bild: Internetfund)
Es gibt auch Kennzeichenkombinationen, die in der Sprache unserer Nachbarländer ein Schimpfwort ergeben. Man sollte sich dann überlegen, ob man mit diesem Fahrzeug wirklich ins Ausland verreisen möchte. S. Abb. oben rechts: Merde = vulgär für Kot auf Französisch.

Der Ukrainekrieg hat zu neuen Ausschlüssen von Kennzeichenkombinationen geführt. Am 13.04.2022 verkünden die Medien, dass der Kreis Herfurt und die Stadt Düsseldorf den alleinstehenden Buchstaben **Z** im Erkennungszeichen verbieten, also kein D-Z 1234 bzw. HF-Z 123. Weitere Kreise folgten. Man möchte so die heimliche Bekanntmachung von Sympathien mit Russland verhindern. Der Buchstabe **Z** wird an russischem Kriegsgerät geführt und bedeutet laut russischem Verteidigungsministerium „Za pobedoj – Für den Sieg“. Es gibt aber noch den Buchstaben **V** am russischen Kriegsgerät. Dies wird nicht thematisiert oder im Fernsehen gezeigt. Müssten wir doch sonst auf unser Victory-Zeichen verzichten. Das **V** hat zwei Bedeutungen: „Sila V pravde – In der Wahrheit liegt die Kraft“ und „ V sadatscha budjet vypolnena – V Die Aufgabe wird erfüllt werden“

Die Leipziger AfD hatte ein Fahrzeug mit der Kennung **L-GD 3345** zur Bundestagswahl eingesetzt, welches als „Großdeutschland 1933-45“ dechiffriert wurde und große Aufmerksamkeit sowie Aufregung auslöste. Diese Interpretation ist historisch nicht haltbar. Großdeutschland existierte von 1938-45. Kurz darauf wurde das Kennzeichen geändert.

Seit mehreren Jahren wird das schwarze Euroband in der Reichsbürgerszene verwendet

Oder man überklebt die Europasterne mit einer der kaiserlichen Flagge nachempfundenen Abbildung

Reichsbürger der „Heimatgesellschaft Chiemgau“ fahren seit 2016 mit einem Phantasiekennzeichen mit der Aufschrift „Mens-ch“ und einem QR-Kode herum.

Ein Edeka-Werbespot zu Weihnachten löste einen Eklat aus. Angelika Slavik schrieb am 24.11.2016 in der Süddeutschen Zeitung darüber folgendes:
„Das könnte ein ganz netter Spot sein, wären da nicht die Kennzeichen der Autos, die in dem Clip zu sehen sind: "MU-SS 420" steht auf einem Wagen, "SO-LL 3849" auf einem anderen. Das sind, so viel ist eindeutig, Anspielungen auf all das Sollen und Müssen, das die Erwachsenen in dem Spot erleben. Aber ist es noch mehr?
Um die Kennzeichen ist nun eine Diskussion entstanden, weil man auf ihnen Anspielungen auf den Nationalsozialismus entdecken könnte. So ist "SS" als Kennzeichen in Deutschland wegen seiner historischen Bedeutung verboten, die Zahl "420" kann auch als "Four-Twenty" gelesen werden, Hitlers Geburtstag. Im zweiten Kennzeichen findet man die Zahl 84, in rechten Kreisen für "Heil Deutschland" verwendet, eingerahmt von 3 und 9, was, sagen Experten, für die rechte Bewegung "Christian Identity" stehen könnte - die Zahlen bezeichnen jeweils die Buchstaben im Alphabet.“

Auch in Österreich gibt es ähnliche Bestimmungen, deren Anwendung das ernste Anliegen teilweise ins Lächerliche zieht:
„Auf dem Wunschtaferl von Andrea V. ist demzufolge die Zahl 18 zu finden, die seit einer Gesetzesänderung vor drei Jahren illegal sei: Denn sie könne auch für „Adolf Hitler“ (erster und achter Buchstabe im Alphabet) stehen.“
„Das ist doch völlig lächerlich. Am Freitag muss ich das Kennzeichen nun nach 15 Jahren zurückgeben“, zitiert „Heute“ die Wienerin. Sie sei Logopädin im 18. Bezirk, „Logo 18“ sei ihre Marke.

3.3. Weiters auch die folgenden Buchstaben – bzw. Ziffernkombinationen, die in rechtsextremen Kreisen als Codes verwendet werden (Liste lt. Mauthausen Komitee):
„BH“ (Blood and Honour), „C18“ (Combat 18),
„KKK“ (Ku-Klux-Klan), „18“ (Adolf Hitler),
„28“ (Blood & Honour), „828“ (Heil Blood & Honour),
„74“ (Großdeutschland), „84“ (Heil dir),
„88“ (Heil Hitler), „H8“ (Heil Hitler oder Hate),
„311“ (Ku-Klux-Klan), „444“ (Deutschland den Deutschen),
„198“ (Sieg Heil), „1919“ (SS),
„420“ (Hitlers Geburtstag), „1488“ (Auf Deutschland – Heil Hitler),
„14“ (Auf Deutschland oder mit Bezug auf den Satz mit 14 Wörtern eines amerikanischen Rechtsterroristen:“We must secure the existence of our people and a future for white children“)
„ACAB“ (all cops are bastards), „AJAB“ (all jews are bastards),
„ZOG“ (zionist occupied government), „WP“ (White Power),
„WPWW“ (white pride world wide), „WAP“ (White Aryan Power“
„WOTAN“ (Hauptgott der Germanen oder für „Will of the Arian Nation“)
“WAR” (White aryan resistance) „WAW” (White aryan war)
„KC“ (Kategorie C) – Ausdruck großer Gewaltbereitschaft in der rechtsextremen Szene
„FG“ (Führers Geburtstag) „JDF“ (Jahr des Führers)

In Österreich verbotene Buchstaben- und Zahlenkombinationen

Landesregierungen

S. 231: Der Landesrechnungshof Mecklenburg-Vorpommern hat die Kennung:

Landesrechnungshof **MVL 2**

© Christian Hansow

Dieses Kennzeichen der Landesregierung Mecklenburg-Vorpommern stammt aus den Anfangsjahren der 1990ger. Zwei Besonderheiten fallen ins Auge: 1. Zwei Bindestriche und 2. Grüne Schrift für ein steuerbefreites Kfz. Die Fahrzeuge des Bundes und der Landesregierungen sind alle steuerbefreit, aber die Kennzeichen haben trotzdem immer schwarze Schrift.

Diplomaten

S. 254: Kraftfahrzeugkennzeichen

Ergänzungen der Liste der diplomatischen Vertretungen und derjenigen Internationalen Organisationen, die Kennzeichen für bevorrechtigte Personen erhalten

0-206 und B-206	Malediven -2016
0-304 und BN-304	UN/SDG Action Campaign-Zentrum für globale Aktionskampagne der Vereinten Nationen für die Ziele für nachhaltige Entwicklung – 2019
0-305 und BN-305	OneHR – Globales Zentrum für Personaldienste der Vereinen Nationen des UNPD -2019
0-306 und BN-306	UNICEF-Büro in Berlin -2019
0-307 und BN-307	Weltbank-Büro Berlin -2019
0-308 und BN-308	Forschungsinstitut der Vereinten Nationen für Soziale Entwicklung (UN-RISD) -2020
0-309 und BN-309	Initiative für Transparenz im Klimaschutz (UNOPS-ICAT) -2020
0-310 und BN-310	UN-Habitat/Sekretariat der Vereinten Nationen für Wasserversorgung (UN-Habitat/GWOPA) -2020
0-311 und BN-311	Wissenszentrum für Nachhaltige Entwicklung der Fortbildungsakademie des Systems der Vereinten Nationen (UNSSC KCSD) – 2021
0-312 und BN-312	WHO – Büro Berlin, Drehscheibe für Pandemie- und Epidemieaufklärung -2021
0-313 und BN-313	UNITAR – VN Institut für Training und Forschung - 2021
0-314 und BN-314	UNDP, Entwicklungsprogramm der Vereinten Nationen -2022
0-315 und BN-315	UNAIDS, Gemeinsames Programm der Vereinten Nationen für HIV/Aids -2022

© Peter Obrist

Wenn ein Diplomatenkennzeichen verloren geht, wird es durch ein Duplikat ersetzt. In diesem Fall wird der Erkennungsnummer der Buchstabe A angehängt. Bei weiteren Verlusten dann entsprechend B, C usw.

Versicherungskennzeichen für Mopeds und E-Roller
S. 266ff.:

© Frank Trompetter

Für Elektrokleinstfahrzeuge (E-Scooter oder E-Roller) ist seit dem 15.06.2019 ein Versicherungskennzeichen zum Nachweis einer gültigen Versicherung verpflichtend. Das Versicherungskennzeichen ist eine Folie, die auf eine Trägerplatte geklebt wird. Das Kennzeichen ist im Gegensatz zu den anderen Versicherungskennzeichen

(s. Bd. 2, S. 278) nur 65 mm hoch und 52,8 mm breit. Als Schrift wird abweichend vom Versicherungskennzeichen die FE-Schrift verwendet. Die Farbgebung entspricht der der Versicherungskennzeichen. Rechts befindet sich ein vertikales fälschungserschwerendes Hologramm.
Das Hologramm hat seit 01.03.2020 die hellgraue ca. 3 mm hohe Inschrift in Arial „ELEKTROKLEINSTFAHRZEUG".

S. 278: Ab dem 01.03.2021 gibt es auch für normale Versicherungskennzeichen die Alternative mit Klebefolien. Diese sind 130mm hoch und 105,5 mm breit, verwenden die FE-Schrift und haben zwei Hologramme: Das Erste ist z.B. „GDV 2021" zwischen Zahlen und Buchstaben nach rechts verschoben und das zweite ist ein vertikales Band rechts neben den Zahlen und Buchstaben mit der hellgrauen 4 mm hohen Aufschrift in Arial „VERSICHERUNGSKENNZEICHEN". Die Verwendung dieser Art von Kennzeichen ist bis zum 29.02.2024 befristet.[11]

Inoffizielle Kennzeichen

S. 279: Bei der Vereinigung der Fußballverbände der Bundesrepublik und der DDR am 21.11.1990 wurde ein PKW Trabant mit dem Kennzeichen **DFB-21.11.90.** versehen © DFB

Baufahrzeug auf dem Gelände des Bundesarchives Berlin 2010

Es gibt auch halboffizielle Kennzeichen, die im öffentlichen Raum anzutreffen sind, wie z.B.

Rügen 2 am Strand Glowe/Rügen von 2020

Pferdekutsche HYBRID 9 Neuschwanstein 2022

Kennzeichenarten

S. 283: Sogenannte 3D-Kennzeichen gibt es seit 2013. Sie bestehen aus einer hochelastischen Plastikplatte, darauf wird eine reflektierende Folie aufgegossen und die Buchstaben und Zahlen werden mittels Steckprägung befestigt.
Seit Juni 2019 gibt es bundesweit Nummernschilder in sogenannter Carbon-Optik.

Die günstige Alternative zu den Plastikschildern in Carbon-Optik

(Quelle: lifePR)

Aus AKS-Depesche 2/2019

Li.: die korrekte Verwendung der Engschrift, re.: Fehlerhafte Verwendung der Engschrift

Trauerzug

Am 11.02.2015 führte man für die Beerdigung ehemaliger Bundespräsidenten und Bundeskanzler eine Trauerstandarte ein. Während des Trauerzuges gibt es eine kennzeichentechnische Besonderheit:

„Aus protokollarischen Gründen sind die amtlichen Kennzeichen am Sargwagen während dieser Fahrt entfernt, um die verwendeten Staatssymbole in den Mittelpunkt der Aufmerksamkeit zu rücken. Juristisch gesehen handelt es sich bei dem Kondukt übrigens um ein einziges Fahrzeug, da die Kolonne von der Berliner Polizei durch Leit- und Schlussfahrzeuge begleitet wird. Den Sargwagen eskortiert eine aus fünf Krädern bestehende Ehreneskorte der Berliner Polizei. Die Polizeifahrzeuge im Trauerkondukt sind mit Trauerflor versehen."

Quelle: Hintergrundinformationen des Protokoll Inland zu den Trauerfeierlichkeiten für Dr. Richard von Weizsäcker und Walter Scheel; Email vom 18.09.2017 vom Protokoll Inland

Dieses Bundeswehrkennzeichen wurden auf EBay verkauft. Die Platine ist echt. In der Flagge steht Deutschland im roten Streifen. In Paschtu ausgeschrieben die Ziffern 7932; was in Paschtu nicht ungewöhnlich ist, sowie der Stempel bildet ein zweihöckriges Kamel ab! – Fake oder Souvenir? (Abb. unten)

Stempelplaketten

S. 300: Zu den erwähnten neuen Sicherheitsmerkmalen gehört auch, dass nach Entwertung der Stempelplakette eine gelbe Markierung mit Kode sichtbar wird. So soll ein Missbrauch zusätzlich erschwert werden.

Bei diesem Fahrzeug war das vordere Nummernschild entwertet, das hintere nicht!

Noch zwei Beispiele seltener Stempelplaketten

Verfärbte Stempelplaketten

S. 301: Wie bereits beschrieben, verfärbt sich bei einigen Plaketten mit Golddruck im Laufe der Zeit die goldene Farbe zu grün. Diese Plaketten stammen überwiegend aus den Jahren 2005-2010. Der Grund der Farbänderung ist unklar. Die Plakettenhersteller verweigern eine Aussage darüber, welches Farbpigment die Grünfärbung verursacht. Nur die Verwendung von Kupfer wird vehement abgestritten. Mir ist aufgefallen, dass der überwiegende Teil der verfärbten Plaketten sich an den hinteren Nummernschildern befindet. Möglicherweise liegt die Verfärbung an den zur gleichen Zeit eingeführten Halogenscheinwerfern. Diese beleuchten bei Nacht das hintere Kennzeichen und irgendeine emittierte Wellenlänge des Halogenlichtes bewirkt diesen Prozess.

Hinteres Kennzeichen, verfärbte Plakette

Vorderes Kennzeichen, normale Plakette

Die Plaketten werden von Kriminellen hin und wieder gefälscht, wie diese beiden Beispiele mit selbstgemalten Plaketten zeigen (Quelle: polizei.de)

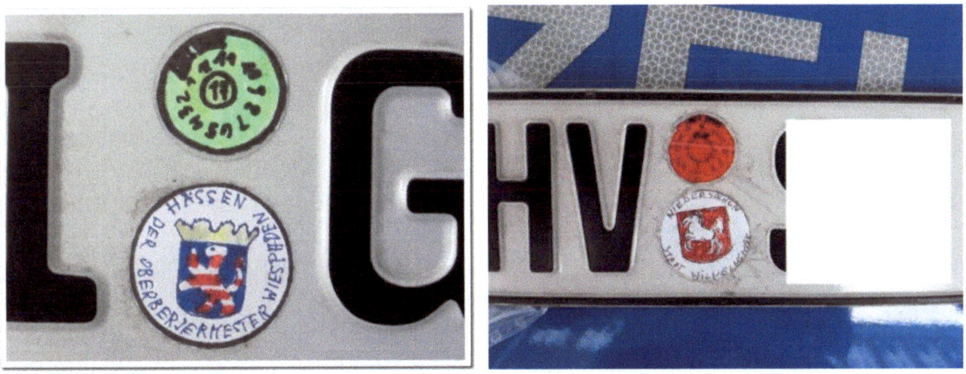

Andere Plaketten

S. 303: Die im Gesetz vorgesehene blaue Plakette für Elektrofahrzeuge wird nur an ausländischen Kfz angebracht, wenn diese kein ausländisches E-Kennzeichen bzw. E-Plakette haben. Deutsche Elektrofahrzeuge mit einem E-Kennzeichen müssen eine grüne Plakette führen. Anderenfalls gibt es eine Ordnungsstrafe.

Ungeachtet dieser Bestimmungen gibt es seit Jahren Bemühungen eine blaue Plakette anstelle der Grünen für besonders schadstoffarme Kfz einzuführen. Verschiedene Varianten der prinzipiell geplanten blauen Plakette sind bereits in Internet erhältlich.

Anstelle der G-Kat Plakette erhielten Fahrzeuge, die die EURO-Norm II erfüllten, seit dem 01.01.1996 eine spezielle Plakette.

Von li. nach re.: eine blaue Fantasieplakette für besonders schadstoffarme Kfz.; eine Spaßplakette; schwarze Frustplakette an einem Trabant 601 und ab 01.01.1996 EURO-II-Plakette

Rückkehr deutscher Gebiete

Kehl

„In der Nacht vom 3. auf den 4. September 1939 wurde die Bevölkerung mit Sonderzügen in den Schwarzwald evakuiert und durfte erst nach der Besetzung Frankreichs durch deutsche Truppen zurückkehren. Kehl wurde dann ein Vorort von Straßburg. Dieser Status blieb auch nach dem Ende der Zeit des Nationalsozialismus erhalten. Die Freigabe Kehls erfolgte gemäß dem Washingtoner Abkommen über die Räumung der Stadt Kehl durch Frankreich vom 8. April 1949 in 42 Teilfreigaben vom 29. Juli 1949 bis zum 8. April 1953." Deutsche Wikipedia
Das Umland von Kehl hatte aber 1945 die Kennung BD 04.xxxx erhalten.

Selfkant und Elten

„Die Niederlande forderten nach dem Zweiten Weltkrieg eine Entschädigung für die Kriegsschäden. Als Faustpfand sollte hierzu u. a. der besetzte Selfkant und Elten dienen. Hierzu wurden am 23. April 1949 entsprechend der Schlusserklärung der Londoner Deutschland-Konferenz vom 23. Dezember 1948 Teile des Selfkants unter niederländische Auftragsverwaltung gestellt. Die Mark wurde durch den niederländischen Gulden ersetzt, Amtssprache wurde Niederländisch. Im Frühjahr 1960 einigten sich die beiden Länder auf den deutsch-niederländischen Ausgleichsvertrag vom 8. April 1960, dessen Ratifizierung sich verzögerte: Im Mai 1963 machte das niederländische Parlament dann den Weg endgültig frei. Seit dem 1. August 1963 null Uhr gehört der Selfkant und alle weiteren annektierten Gebiete nach Zahlung von 280 Mio. DM (entspricht 2003 inflationsbereinigt 554 Mio. Euro) an das Königreich wieder uneingeschränkt zur Bundesrepublik." Deutsche Wikipedia

Bis 1950 wurden in den Niederlanden Provinzkennzeichen ausgegeben ('M' für Gelderland und 'P' für Limburg). Demnach erhielten Fahrzeuge in Elten von 1949-1950 das Kennzeichen **M** für Gelderland und die in Selfkant das Kennzeichen **P** für Limburg. Seit 1951 gilt das neue heutige nationale Kennzeichensystem. Die alten Provinzkennzeichen waren bis 1956 gültig.
Im Selfkant mussten die niederländischen Führerscheine und Kennzeichen bis zum 31.01.1964 umgeschrieben werden.

Nr. 177 – Samstag, den 3. August 1963

Seite 9

An die Bewohner des Selfkantgebietes

Wichtige Hinweise und Mitteilungen des Verwaltungsbeauftragten, Regierungsassessor Dr. Braun

Tüddern. — Der Beauftragte für die Amtsverwaltung Selfkant, Dr. Braun, teilt mit: Für viele Selfkänter wird die Rückgliederung in mancher Hinsicht eine Umstellung bedeuten. Die deutsche Verwaltung wird sich bemühen, ihnen diese Umstellung nach Möglichkeit zu erleichtern.

● Bis zur Wahl der Amtsvertretung und der Bestellung eines Hauptverwaltungsbeamten werden die Aufgaben der Amtsvertretung durch Dr. med. dent. Montz in Tüddern und die Aufgaben des Amtsdirektors durch Regierungsassessor Dr. Braun wahrgenommen werden. Die beiden sind durch Bestallungsurkunden des Innenministers mit den entsprechenden Vollmachten ausgestattet. Die Amtsverwaltung (früher Drostamt Tüddern) wird der Selfkantbevölkerung mit Rat und Tat behilflich sein.

● Personalausweise werden in der Amtsverwaltung in Tüddern ausgestellt.

● Reisepässe verlängert und stellt aus die Kreisverwaltung in Geilenkirchen.

● Erlaubnisscheine, die zum Uebertritt der Grenze an nicht amtlich zugelassenen Übergangsstellen berechtigen, werden auf Antrag von der Amtsverwaltung in Tüddern ausgestellt. Die Ausstellung setzt voraus, daß der Antragsteller ein berechtigtes Interesse für einen Uebertritt an nicht amtlich zugelassenen Uebergangsstellen nachweisen kann; z. B. ein Landwirt aus dem Selfkant hat auf niederländischem Hoheitsgebiet Land.

● Die Rückzahlung und Verzinsung der vom Drostamt gewährten Baudarlehen wird vorläufig wie bisher erfolgen.

● Die neu eingerichteten Zollämter haben folgende Oeffnungszeiten: das Zollamt Wehr-Sittard von 0.00 bis 24.00 Uhr, das Zollamt Tüddern-Sittard von 0.00 bis 24.00 Uhr, das Zollamt Mindergangelt-Schinveld von 6.00 bis 24.00 Uhr, das Zollamt Süsterseel-Jabeek von 6.00 bis 24.00 Uhr, das Zollamt Isenbruch-Nieuwstadt-Susteren von 6.00 bis 24.00 Uhr, das Zollamt Hillensberg-Grootdoenrade werktags von 15.00 bis 19.00 Uhr, das Zollamt Saeffelen-Spaansbulsken werktags von 15.00 bis 19.00 Uhr.

● Sollten die Bewohner des Selfkants besondere Fragen wegen des Zolls haben, so mögen sie sich an die Zollämter in Mindergangelt, Süsterseel, Wehr, Tüddern und Isenbruch oder an das Zollgrenzkommissariat in Geilenkirchen, Herzog-Wilhelm-Straße 105, oder an das Zollkommissariat in Heinsberg, Geilenkirchener Straße 50, wenden.

● Sollten die Bewohner des Selfkants Fragen haben, die sich aus ihrem Verhältnis als Arbeitnehmer ergeben, so mögen sie sich an das Arbeitsamt in Heinsberg wenden. Das Arbeitsamt in Heinsberg hält bis auf weiteres jeden Dienstag in der Gaststätte von Cleef gegenüber der Kirche in Gangelt Sprechstunden für die Bevölkerung des Selfkantkreises ab. Die Sprechstunden sind von 17.00 bis 18.00 Uhr für weibliche Arbeitnehmer, von 18.00 bis 19.00 Uhr für männliche Arbeitnehmer.

● Die niederländischen Führerscheine und Zulassungen für Kraftfahrzeuge gelten noch für eine Uebergangszeit von sechs Monaten, also bis zum 31. Januar 1964. Die Kraftfahrer werden gebeten, ihre niederländischen Führerscheine und Zulassungen bis zu diesem Zeitpunkt beim Straßenverkehrsamt der Kreisverwaltung in Geilenkirchen umschreiben zu lassen. Die Umschreibung ist kostenlos.

● Für die Haftpflichtversicherung für Kraftfahrzeuge gelten ab sofort die deutschen Vorschriften. Es ist deshalb notwendig, schon mit Wirkung ab 1. August 1963 eine Haftpflichtversicherung bei einer deutschen Versicherungsgesellschaft abzuschließen.

● Der Polizeiposten des Selfkantgebietes ist in Tüddern, Kirchstraße 115.

Neuer Hauptlehrer

So war es am 1. August im Selfkant

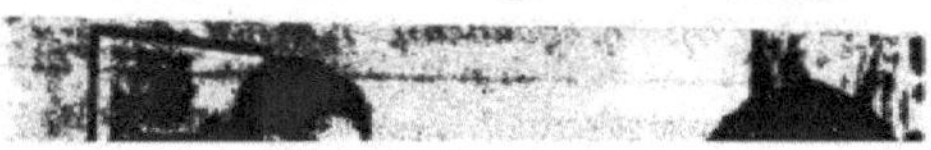

Kennzeichen alliierter Militärfahrzeuge und Privatfahrzeuge ausländischer Militärangehöriger

S. 311: Der Wagen mit dem Kennzeichen **1** der sowjetischen Militärverbindungsmission nach einem Unfall mit einem VW-Käfer R-DH 82 in Regensburg (?) in den 1970gern.
Eingekreist der sowjetische Verbindungsoffizier

Alliierte Militärverbindungsmissionen

Old (left) and new (right) USMLM license plate. (U)
History USMLM (TD E1-3731) 1964

Die Kennzeichen der Militärverbindungsmissionen wurden bereits 1964 und nicht 1965 geändert.

Fünfte Besatzungszone
Wie bekannt, wurde Deutschland 1945 in vier Besatzungszonen geteilt. Kurzzeitig gab es noch eine fünfte Besatzungszone.

„Im niedersächsischen Emsland wurde 1945 eine polnische Exilregierung etabliert. Die dort lebenden Deutschen wurden dafür aus ihren Häusern vertrieben. Das sorgte sogar für Streit zwischen Churchill und der Sowjetunion.
Die Kleinstadt Haren an der Ems liegt in Niedersachsen kurz vor der Grenze zu den Niederlanden. Nach dem Zweiten Weltkrieg zählte die Region eigentlich zu britischen Besatzungszone, doch das sollte sich schnell ändern. Noch während des Krieges waren hier in den berüchtigten Emsland-Lagern rund 30.000 Menschen inhaftiert, überwiegend Teilnehmer am Warschauer Aufstand von 1944. Zum Ende des Weltkrieges waren außerdem rund 18.000 polnische Soldaten in der Gegend stationiert, die mit einer Panzerdivision an der Seite der Briten gegen Hitlers Truppen gekämpft hatten.

Churchill stimmt zu

Nach Kriegsende verblieben die Polen zunächst im Emsland, denn Transportkapazitäten in ihr Heimatland gab es nicht. Viele verweigerten aber die Heimreise in das inzwischen kommunistische Polen, das nun unter Sowjet-Kontrolle stand. So trug es sich zu, dass der kanadische General Henry Crerar auf die Idee kam, einen kleinen Teil der britischen Besatzungszone an die Polen abzugeben. Der Plan wurde umgehend dem englischen Premierminister Winston Churchill vorgelegt, und der stimmte zu.

Vertreibung ohne Wiederkehr

Für die damals rund 4000 Seelen große Gemeinde Haren war das allerdings eine Katastrophe: Im Mai 1945 verkündete der Gemeindebote in den Straßen des Ortes, dass alle Einwohner binnen 48 Stunden ihre Häuser verlassen müssen:

„Das Räumungsgebiet ist von allen Menschen und Tieren frei zu machen."

Mitgenommen werden durften lediglich Wertsachen, Kleidung, Lebensmittel und Haustiere. Möbel, Matratzen und Hausstand bis hin zu Tellern und Besteck mussten in den Wohnungen verbleiben und sollten fortan den polnischen Besatzern zur Verfügung gestellt werden.

Ein Stück Polen in Deutschland

Haren wurde damit das Verwaltungszentrum einer polnischen Zone, die ein Gebiet von knapp 6500 Quadratkilometern umfasste. Da die überwiegende Mehrzahl der neuen Bewohner aus den damaligen polnischen Woiwodschaften Lemberg und Stanislau stammte, dem heutigen Iwano-Frankiwsk, wurde die Stadt Haren zunächst in Lwów umbenannt. Die wichtigsten Straßen der Stadt erhielten polnische Namen. Bereits nach einem Monat wurde am 24. Juni 1945 auf sowjetischen Druck der Name erneut geändert. Die Stadt wurde schließlich nach dem polnischen General Stanislaw Maczek benannt, der mit seiner Panzerbrigade die umliegenden Gefangenenlager befreit hatte.
In Maczków wurden daraufhin ein Bürgermeister und ein zwölfköpfiger Stadtrat gewählt. Außerdem gab es ein neues Amtssiegel mit einem neuen Wappen, das die Feldzeichen der polnischen I. Panzerdivision zeigte: eine Mohnblume, einen Stahlhelm und einen Husarenflügel. Eine der Hauptaufgaben der neuen Stadtverwaltung bestand in der Zuteilung von Lebensmitteln und Unterkünften. Auch gab es eine polnische Polizei und Feuerwehr sowie eine polnische Tageszeitung, mehrere Schulen und ein Kino. Zusätzlich wurde eine Gemeinschaftsverpflegung eingerichtet, was angesichts der Ressourcenprobleme wichtig war. Die Lebensmittelversorgung lag zunächst in den Händen der Militärbehörden und ging dann auf Hilfsorganisationen über. Angaben aus dem März 1947 besagen, dass die Stadt 4443 Einwohner hatte.

Nur ein kurzes Kapitel

Zunehmend wuchs nun der Druck der Westalliierten, um die polnischen Flüchtlinge zur Rückkehr in ihre Heimat zu bewegen, da ihre große Zahl sowohl politische als auch ökonomische Probleme hervorrief. In den Folgejahren hatten daraufhin viele polnische Einwohner von Maczków die Chance genutzt, in andere Länder auszuwandern. Im September 1947 übergab die britische Besatzungsmacht die Stadt wieder an die Deutschen zurück. In den folgenden Monaten verließen immer mehr Polen das Gebiet. Die letzte polnische Familie verließ Maczków im August 1948. Ab September hieß die Stadt schließlich wieder Haren." © Sputnik.de

Über die Zulassung von Fahrzeugen in Maczków nichts bekannt. Man geht davon aus, dass die dort vorhandenen Fahrzeuge dem Militär zugeordnet waren und deshalb nicht der deutschen Kennzeichnungspflicht unterlagen. Am ehesten wurden britische Militärkennzeichen verwendet.

Information von Erik Kleine Vennekate M.A., Leiter des Kreisarchivs Emsland

S. 320 – Sowjetunion
Diese beiden Bilder stammten vom Mai 1945 und zeigen die typischen sowjetischen Armeekennzeichen zur Zeit des Zweiten Weltkrieges.

Frankreich

S. 322: Privatfahrzeuge französischer Soldaten haben seit 12/2016 die Kennung RF (République française) z.B. RF FH 700

Niederlande

S. 334: Für Privatfahrzeuge niederländischer Soldaten führte man 2016 die Kennung DF (Dutch Forces) z.B. DF ET 033 ein.

Werbung, Kunst, Humor und Lustiges
Kennzeichen werden von Zeit zu Zeit von Kunst und Kultur entdeckt und entsprechend thematisiert. Hier mehrere Beispiele der letzten Jahre.

Gebrüder Einfalt Nürnberg gegr. 1922 – ca. 1969

Sandfestival in Binz/Rügen 2019

Von Flensburg bis Garmisch!

Es gibt kaum eine Buchstaben-Kombination von Kraftfahrzeug-Kennzeichen, die wir nicht haben. Unsere Wagen fahren in jeder Stadt. Täglich mit einer Gesamtnutzlast von mehr als 10 Millionen kg. Das entspricht etwa dem Gewicht von 151 Flugzeugen vom Typ Boeing 707. Ja, so viele frische Waren fahren wir täglich durch die Bundesrepublik. Das müssen wir auch. Denn bei über 41.000 Edeka-Kaufleuten erwarten Sie, neben einer freundlichen persönlichen Beratung, stets frische Qualitätswaren.

„Ich weiß noch alle meine Auto-Kennzeichen! Soll ich sagen?"

Von Peter Butschkow

Kennzeichenemoji[12]

Aus einem Beitrag des Satiremagazins „Der Postillon"

Internationale Unterscheidungszeichen

S. 541 Zwischen 1906 und 1910, als es noch keine Internationalen Unterscheidungszeichen gab, meldeten viele Ausländer ihre Fahrzeuge in Deutschland an und sparten so Zollgebühren.

Zwei Veränderungen sind eingetreten. Einmal wegen erzwungener Änderung des Landesnamen und einmal aus nationalistischen Gründen.

2019?? MK zu NMK Nordmazedonien

2021 GB zu UK United Kingdom=V. Kgr. Großbritannien und Nordirland

Anhang: Kennzeichenstempel aus der Zeit der Weimarer Republik

Im Anhang einige Beispiele, wie Kennzeichen abgestempelt wurden. Die Firma „Mergenthaler" in Nürnberg veröffentlichte 1930 und 1932 Kataloge mit verschiedenen Stempelvorlagen zum Aufschablonieren. Dadurch waren bessere Abbildungen zu erreichen als mit Stempelabdrücken.

Johann Merkenthaler, Nürnberg
»Merkenthaler's Auto-Amts-Schablonen«
zur Kennzeichnung der Kraftfahrzeuge. Man verlange Sondermusterbuch. — Alphabete und Ziffernsätze zu den Nummernschildern der Kraftfahrzeuge in den Größen 60, 75 und 100 mm nach den amtlichen Vorschriften.
STADTRAT TRAUNSTEIN
STADTRAT HARTHA
Stadtrat Meissen
SIEGEL DER STADT BOPPARD
BAYER. BEZIRKSAMT FORCHHEIM
OBERAMT GÖPPINGEN
POLIZEI-VERWALTUNG · STADT LUCKENWALDE
POLIZEIDIREKTION DER STADT HARBURG
REICHSMARINE · KOMMANDO DER MARINE-STATION DER NORDSEE
STADTRAT

458
Schablonenfabrik und Garngroßhandlung
»Alle Muster sind gesetzlich geschützt! • Nachdruck und Nachahmung wird gerichtlich verfolgt!«
BAYER. BEZIRKSAMT LINDAU
STADTRAT LANDSHUT
DER STADTRAT ZU SCHWARZENBERG
Amtsvorsteher des Amtsbezirks: BLANKENESE
Polizeiverw. Dirmingen Kreis Ottweiler
Stadtrat Neu-Ulm
AMTSHAUPTMANNSCHAFT LEIPZIG
Stadtrat Augsburg
Land Thüringen Landratsamt Schmalkalden
Polizeiverwaltung Duisburg
RAT DER B.STADT KEMPTEN
STADTRAT ZU FRANKENBERG IN SACHSEN
AMTSHAUPTMANNSCHAFT STOLLBERG
STADTRAT TREUEN

[1] Im Wegepolizeigesetz des Herzogtums Sachsen-Altenburg vom 08.09.1905 wird festgelegt, dass Kraftfahrzeuge Pferdekutschen gleichgesetzt werden und damit ein Eigentümerschild führen müssen. Wenn jemand mehrere Kraftfahrzeuge besaß, dann war das Eigentümerschild zu nummerieren.

[2] Ruhr-Nachrichten vom 24.10.1981, S. M13

[3] ABl Fürstentum Birkenfeld 1904, S. 222

[4] GBl Fürstentum Lübeck, 23. Bd., 71.St., S. 639ff.

[5] Ostholsteinischer Anzeiger (Fürstentum Lübeck) vom 14.06.1904

[6] StA Lübeck, Neues Senatsarchiv (NSA) – 01493- Regelung des Verkehrs mit Kraftfahrzeugen; Lübeckische Verordnungen vom 9.9.1903, 12.9.1906

[7] Lübecker Nachrichten von 02.07.1981, S. 17

[8] Brief des Stadt- und Polizeiamtes Bremen vom 11.11.1979

[9] Handbuch der Deutschen Straßenverkehrszulassungsgeschichte, 10. Lieferung 1993, dort Faksimile der Mitteilung des Reichskommissars des Ostlandes an die SNK in Berlin

[10] Märkische Allgemeine Zeitung vom 22.01.2018, Flämingecho, S. 20

[11] BGBl I/2020, S. 1968f.

[12] http://www.der-postillon.com/2017/01/nummernschilder-emojis.html

TEIL 2

Nachtrag zu
Militärische Abkürzungen an Kraftfahrzeugen
im 1.Weltkrieg - Ein Wörterbuch

Danksagung

An dieser Stelle möchte ich Dank sagen an Andreas Bauer, Jörg M. Karaschewski und Stanislaw Kirilets, die mich mit Bildern und wertvollen Hinweisen unterstützt haben.

Abkürzungen auf Fotografien

Hier einige weitere Abbildungen zeitgenössischer Fotografien mit verschiedenen Abkürzungen. Der Begriff Panzer, den die Deutschen damals benutzten, ist etwas in Vergessenheit geraten. Den Meisten ist der englische Begriff Tank geläufiger. Aber auch während des 1. Weltkrieges verwendeten die deutschen Militärs die Bezeichnung Panzerzug oder Panzerabteilung (s. nächste Seite).

I.B.A.K. 1. Bayerisches Armeekorps in Flandern(?). Auf der Armbinde I.B.(A.K.)

Panzer-Kraftwagen-Maschinengewehr-Zug © Stanislaw Kirilets

Panzer-Kraftwagen-Maschinengewehr-Abteilung
Kennung G.G. 4263 d.h. in Belgien © Stanislaw Kirilets

Festungskraftwagenpark © Stanislaw Kirilets

Besondere Kennungen

Der österreichische Kaiser führte die Kaiserkrone mit fliegenden Bändern als Kfz-Kennzeichen.

Die österreichischen Erzherzöge führten ihre Standarte am Fahrzeug und zusätzlich die Kaiserkrone als Nummernschild (Aufnahme ca. 1912)

Flaggen

T=Telegrafie © Jörg M. Karaschewski

Armeeoberkommado mit Vorfahrtszeichen u. Kommandoflagge gem. Taktische Zeichen
©Andreas Bauer

Weiterhin werden in den Heeresbestimmungen für Kraftfahrzeuge 1915 und 1917 gelbe Flaggen mit schwarzer Schrift „Betriebsstoffe für Kraftfahrzeuge" aufgeführt. Fotografien sind bisher nicht bekannt.

Unbekannte Abkürzungen und Symbole

Es gibt eine Reihe von Abkürzungen und Symbolen, deren Bedeutung noch nicht geklärt ist.
In den Heeresbestimmungen für Kraftfahrzeuge 1917 wird die Verwendung bestimmter Zeichen wie Propeller, Kreise usw. gestattet. Leider ist die Bedeutung all dieser Symbole unklar.

Drei Punkte in einem Dreieck, Kennung S.F. 1894 © Andreas Bauer

Decknamen militärischer Operationen und Unternehmen

Im Jahre 1925 gab das Reichsarchiv ein Verzeichnis der **Decknamen** für militärische Operationen und Unternehmen heraus. Hier seien nur zwei nicht im Verzeichnis enthaltene Unternehmen genannt:
Kohle gegen den 2. Massenstreik April 1917 und
Prozent gegen den 3. Massenstreik Ende Januar/Anfang Februar 1918

Ergänzungen und Berichtigungen Zum Wörterbuch deutscher und österreichischer militärischer Abkürzungen

AK	Alpenkorps (auf Kfz-Kennzeichen)
A.K.P.	Armee-Kraftfahr-Park
Arg.	Arriergarde
Avg.	Avantgarde
Bag.	Bagage
Bers.	Bersaglieri (öster.)
Biw.	Biwak
B.St.P.Kr.A.	Bayerische Sturm-Panzer-Kraftwagen-Abteilung
D	Deplacement (= Wasserverdrängung bei Schiffen)
D	Detachment
D	Dragoner
DAK	Deutsches Alpenkorps
DionsKav.	Divisionskavallerie (öster.)
DOHL	Deusche oberste Heeresleitung (öster.)
DonD.	Donaudivision (öster.)
DrinD.	Drinadivision (öster.)
E.K.P.	Etappen-Kraftfahr-Park
fd.	Fahrend(e) (öster.)
Fhb.	Feldhaubitze (öster.)
Fkn.	Feldkanone (öster.)
Flü.	Flügel-
Fstg	Festung
Fwch.	Feldwache
Gend.	Gendarmerie (öster.)
Gesch.Krz.	Geschützter Kreuzer
G.F.P.	Geheime Feldpolizei
Gwf. A	Königliche Gewehrfabrik Amberg
HaR.	Halbregiment (öster.)
HHR	Honvedhusarenregiment (ungar.)
Htr.	Hauptrupp
J.G.A.	J.G. Anschütz, Germania Waffenfabrik Zella-Mehlis
J.G.B.	Infanterie-Geschütz-Batterie
JugoslawD.	Jugoslawische Division (öster.)
K.A.G.G.R.	Kaiser Alexander Garde-Grenadier-Regiment
KJ	Kaiserjäger (öster.)
Krz.	Kreuzer
KolD.	Kolonialdivision (franz.)
L	Länge
L.	Linienschiff
LschKpt.	Linienschiffkapitän
Ml.	Manöverleitung
MorD.	Moravadivision (öster.)
Ms.	Mörser
MV	Militärverwaltung
Ou.	Ortsunterkunft
P.	Panzer
P.Kr.M.G.A.1	Panzer-Kraftwagen-Maschinen-Gewehr-Abteilung 1
P.Kr.M.G.Z.1	Panzer-Kraftwagen-Maschinen-Gewehr-Zug 1
Pz.	Panzer
Pz.Krz.	Panzerkreuzer
rt.DSchD.	Reitende Dalmatinerschützendivision (öster.)
rt.TKSchD.	Reitende Tirolerkaiserschützendivision (öster.)

Rü.	Rückzug
Schnee Batl.	Schneeschuh-Bataillon
St.	Sturm, Stand-
St.Sch….	Standschützen…. (öster.)
ŠumD.	Šumadiadivision (öster.)
SWBaon.	Südwestbataillon
T	Tiefgang
T.B.	Torpedoboot
T.D.V.E.	Technischer Dienst-Vorschriften Etat
TimD.	Timokdivision (öster.)
U	Ulanen
U.S.B.	Unterseeboot
Vtr.	Vortrupp
Wa.	Wald
War.	Waldrand
Krone	Kaiserlicher Automobilpark, Kaiser, Bayer. König, Kronprinz (kaiserlich-preußischer, evtl. auch bayerischer) (auf Kfz-Kennzeichen), Österreichischer Kaiser und Kronprinz (auf Kfz-Kennzeichen)
I.B.A.K.	1. Bayerisches Armeekorps

	Kennzeichen deutscher Flugzeuge (Der Motorfahrer Nr. 25/1914 S. 30)
A	Ago-Flugzeugwerke GmbH
AEG	Allgemeine Elektricitäts-Gesellschaft
AFG	Allgemeine Fluggesellschaft mbH
AK	Automobil- und Aviatik-A.-G.
ALB	Albatroswerke Gmbh
ALS	August Loh Söhne
B	Bussard-Flugzeugwerke GmbH
BG	Paul Bodenberg
CA	Centrale für Aviatik, Johannisthal
CB	Carl Belz, Flugzeugbau
CF	Casseler Fliegerschule Carl Abelman
CW	C. Wanke, Flugzeugbau
DFW	Deutsche Flugzeug-Werke
DG	Richard Dietrich
E	Euler-Werke
ERO	Flugzeugbau und Fliegerschule „Aero“ GmbH
ETR	Sportflieger GmbH
F	Fokker Aeroplanbau mbH
FF	Flugzeugbau Friedrichshafen GmbH
FK	Flugzeugbauanstalt A. Knubel
FN	A. Colombo
FW	Friedrich Weiß
G	Gothaer Waggon-Fabrik A.-G.
GA	H. G. v. Arnim
GG	Flugzeugwerke J. Goedecker
GH	Centrale für Aviatik, Hamburg
GST	Dr. Geest
H	Bruno Hauschke, Flugzeugbau

HF	Deutsche Bristol-Werke, Flugzeug-Ges. mbH
HG	Hans Grade Fliegerwerk
HO	Flugunternehmen Reinhold Hoos
HS	Hans Schumacher
HW	Hannoversche Flugzeugwerke
J	Emil Jeannin, Flugzeugbau GmbH
JS	Josef Schlatter, Luftfahrzeugbau, Fliegerschule
K	Kondor-Flugzeugwerke GmbH
KK	Karl Krieger
LFG	Luftfahrzeuggesellschaft mbH
LVG	Luft-Verkehrs-Gesellschaft mbH
M	Flugunternehmen Martha Behrbohm
MB	Flugschule Melli Beese GmbH
O	Flugmaschinenwerke Gustav Otto
OG	Fritz Grebe
P	Pfalz-Flugzeugwerke GmbH
PFS	Se.Kgl. Hoheit Prinz Friedrich Sigismund von Preußen
PN	Pippart-Noll, Flugzeugbau
R	E. Rumpler, Luftfahrzeugbau GmbH
RW	Richard Wackwitz
S	Deutsche Sommer-Flugzeugwerke
SCH	Flugzeugwerke Gustav Schulze
SL	Flugzeugwerke „Sachsen-Doppeldecker“
SS	Architekt Robert Sommer
ST	Paul Schwandt, Flugzeubau und Fliegerschule
STA	Otto Schwade & Co.
U	Union-Flugzeugwerke Gmbh
W	Flugmaschine Wright-Gesellschaft mbH
WA	Wilhelm Albers, Flugzeugbau und Fliegerschule
WF	C. W. Witterstätter

Exkurs

Beschriftungen an russischen Militärfahrzeugen im 1. Weltkrieg

Durch das Ausscheiden der russischen Armee im 1. Weltkrieg 1917/18 spielte Sowjetrußland keine Rolle bei den Friedesnverhandlungen. Gleichermaßen ist das Interesse westlicher Historiker am östlichen Kriegsschauplatz sehr begrenzt. Aus diesem Grund möchte ich einige Aufschriften und Abkürzungen an russischen Armeefahrzeugen vorstellen. Allen Interessenten sei das Buch „Автомобили Русской Императорской Армии“ von Stanislaw Kirilets und Gennadi Kanninskii empfohlen. Mein Dank gilt Herrn Kirilets, der mir alle Bilder zur Verfügung stellte.

Hier ist Russo-Balt C 24/40 HP (Serie von 1914)
bei dem Automobil-Kommando des Stabes der Westfront in Minsk
(8 Ш.З.Ф.= штабъ западнаго фронта)

Motorisierte Sanitätskolonne der Kaiserlichen russischen Automobilgesellschaft „Thronfolger Zesarewitsch“

ЛЕТ.САН.АВТ.ОТР. (Летучій санитарній автомобильній отрядъ=
Mobile (fliegende) motorisierte Sanitätsabteilung Wittenberg)

Panzerfahrzeug der kaukasischen Front 1916 in Teheran
Der Totenkopf hieß in Rußland „Адамова голова = Adams Kopf“

Das russische Wappen an der Wagentür

Sanitätskolonne ВСГ (Всероссійскій союзъ городовъ= Gesamtrussische Städteunion, das sind zivile Hilfsfahrzeuge an der Front, genau so wie bei der Всероссійскій земскій союзъ – ВЗС= Gesamtrussische Union der Landgemeinden). Das Automobil ist ein FIAT.

BC 46 AO = 46-й войсковой санитарній автомобильній отрядъ =
46. Heeressanitätsautomobilabteilung an der Seitenplane.
Das Automobil ist ein FIAT mit der Erkennungsnummer 1430A

КРѢП.КРОНШТАДТЪ= Festung Kronstadt

Ein gepanzerter "Russo-Balt T 40/60" mit einer 76,2-mm Kanone Muster 1914
Am Automobil das Wappen der FLAK-Truppen und "Орд. №1" = Орудіе =Waffe №1.

Panzerfahrzeug an der Westfront in Galizien 1917
Исп.Ком.С.Р.С.иКр.Деп. (исполнительный комитет Союза рабочих, солдатских и крестьянских депутатов= Exekutivkomitee der Deputierten der Arbeiter-, Soldaten- und Bauernräte)

TEIL 3

Deutsche Kriegsgegefangene während des 1. Weltkrieges in der Schweiz

Was hat Charles de Gaulle mit diesem Thema zu tun? Sehr viel. Wie eine ZDF-Dokumentation vor mehreren Jahren zeigte, wurde de Gaulle als junger Leutenant in den ersten 14 Tagen des 1. Weltkrieges von den Deutschen gefangen genommen. Da er sich weigerte, sein Ehrenwort zu geben, bei Freigang nicht zu fliehen, mußte er bis Kriegsende in deutscher Gefangenschaft im Kerker sitzen. Andere gefangene Offiziere erhielten auf entsprechendes Ehrenwort tagsüber Freigang, konnten ins Restaurant gehen und Liebschaften pflegen. Daher stammt ein Teil von de Gaulle's Deutschenhass. Diese Episode und der folgende Bericht demonstrieren den heutigen moralischen und sittlichen Verfall anschaulich. Andererseits war es schon damals üblich, die Schuld des eigenen Versagens anderen in die Schuhe zu schieben.

Vor vielen Jahren kaufte ich auf Ebay ein Foto, das mit „deutsche Gefangene im 1. Weltkrieg" tituliert war. Auf der Rückseite stand handschriftlich „Motorschule Oberwaid". Dank des Internetes konnte Oberwaid als Teil des heutigen St. Gallen in der Schweiz lokalisiert werden. Mit Hilfe des Staats- und Kantonsarchives St. Gallen kann die Geschichte des Bildes folgendermassen rekonstuiert werden.[1]

Während des 1. Weltkrieges war die Schweiz neutral und verdiente viel Geld mit der Beherbergung ausländischer Kriegsgefangener aller Kriegsparteien, d.h. in der Schweiz waren Deutsche, Österreicher, Franzosen, Italiener, Briten usw. interniert. Diese in der Regel Offiziere wurden in ungenutzen Kureinrichtungen untergebracht.

[1] St.Galler Stadtarchivar Dr. Ernst Ziegler hat 2015/16 eine kleine Schrift über «Internierte Kriegsgefangene im Kurhaus Oberwaid» verfasst.

Man nahm ihnen das Ehrenwort „nicht zu fliehen“ ab und die Gefangenen konnten sich frei im Ort bewegen. Die Kosten für Kost und Logis bezahlten Verwandte oder Freunde. Besuch aus der Heimat war erlaubt.
Im Kurhaus Oberwaid oder Obere Waid kamen die ersten deutschen Gefangenen am 02.05.1916 an und blieben bis Kriegsende.

Die Schweiz führte am 13.06.1904 mit dem „Konkordat über die einheitliche Verordnung betr. Motorwagen und Fahrradverkehr“ Kfz-Kennzeichen ein. Diese waren schwarz mit vier Ziffern und hatten links das farbige Schweizer Wappen und rechts das farbige Kantonswappen. Die Nummern bis 9999 wurden auf die einzelnen Kantone aufgeteilt. Bei Ausschöpfung des Nummernbereiches wurde ein Buchstabe angehängt. Im Jahre 1915 hatte nur das Kanton St. Gallen den Suffix **B**.
Auf dem Foto hat das mittlere Fahrzeug die Zulassung **5484B**. Am 01.01.1915 waren die Zulasssungen im Kanton St. Gallen bei 5362B angekommen. Ich denke das Bild stammt von 1917.

— 24 —

Allgemeines Verzeichnis

der den einzelnen Kantonen zugeteilten Nummern für die Automobile und Motorvelos.

Kantone	Numerierung
Zürich	1 – 1000
Bern	1001 – 2200
Luzern	2201 – 2600
Uri	2601 – 2700
Schwyz	2701 – 2900
Obwalden	2901 – 3000
Nidwalden	3001 – 3100
Glarus	3101 – 3300
Zug	3301 – 3400
Freiburg	3401 – 3800
Solothurn	3801 – 4100
Baselstadt	4101 – 4600
Baselland	4601 – 4800
Schaffhausen	4801 – 5000
Appenzell A.-Rh.	5001 – 5200
Appenzell I.-Rh.	5201 – 5300
St. Gallen	5301 – 5800
St. Gallen (zweite Serie)	5301 B – 5800 B
Graubünden	5801 – 6000
Aargau	6001 – 6400
Thurgau	6401 – 6700
Tessin	6701 – 7100
Waadt	7101 – 8100
Wallis	8101 – 8400
Neuenburg	8401 – 8800
Genf	8801 – 9999

Neu und unbekannt war die Verwendung von Probefahrtkennzeichen in der Schweiz bis zu diesem Zeitpunkt. Im Kanton St. Gallen begannen diese mit **P 1**. Für die anderen Kantone liegen keine Informationen vor.

— 11 —

Nummer		
5336 B	Halter Paul, Kaufmann	Kirchberg
*5337 „	Schläpfer Arnold, Sengerei	Bruggen
5338 „	Honegger Henri, Hotelier	Weesen
5339 „	Becker Rudolf, Kaufmann	St. Gallen
*5340 „	Eichmüller Josef, Buchbindermeister	„
†5341 „	Bulach Felix, Schreinermeister	„
5342 „	Billwiller Arnold, Brauereibesitzer	„
5343 „	Tobler Alfred, Kaufmann	„
5344 „	Mettler Arnold, Kaufmann	„
5345 „	Rietmann-Beutter Alfred, Kaufmann	„
5346 „	Schmid Alwin, Dr. med.	„
—		
5348 „	Mettler Viktor, Kaufmann	„
5349 „	Wilson P. K. & Son, Stickereigeschäft	„
5350 „	Mettler Viktor, Kaufmann	„
†5351 „	Walcher-Blumer Oscar, Ziegeleidirekt.	Schänis
5352 „	Hartmann Gebrüder, Elektrizitätswerk	Mels
—		
5355 „	Niederer Alfred, Kaufmann	St. Gallen
—		
*5361 „	Aktienbrauerei	Wil
5362 „	Ritterband Schumin, Kaufmann	St. Gallen

Für Versuchsfahrten abgegebene Automobil-Schilder.

P	1 – 12	Saurer Adolf, Maschinenfabrik	Arbon
„	13	Haller & Cie., Autogarage	Lachen-Vonwil
—			
„	15	Gmür & Cie., Elektrotechn. Werkstätten	Schänis
„	16	Häne & Sprave, Automobilreparaturwerkstätte	St. Gallen

Noch spannender ist der Nachweis Schweizer Militärkennzeichen während des 1. Weltkrieges. Dies wurde bisher immer verneint. Das linke Fahrzeug hat ein weißes Kennzeichen mit schwarzer? Schrift. Links befindet sich ein Wappen, am ehesten das von St. Gallen, die Buchstaben **Km** (für Kommando?) **St. Gallen.** Die Nummer **P.14** scheint die in der obigen Tabelle fehlende Probefahrtnummer zu sein.

"Die Wappen der DDR und des Norddeutschen Bundes"

Zwei heraldische Studien

von Dr. Andreas Herzfeld

ISBN-13: 978-3-935131-15-5, Preis 7,50€
60 Seiten, viele farbige Abb.

Bestellungen für Buchhändler über info@bod.de

"Die Signalflaggen und Signalbücher deutscher Kriegs- und Handelsmarinen seit 1815"

Von Dr. Andreas Herzfeld

ISBN 978-3-935131-16-2, Preis 29,99 €
168 Seiten, alle Flaggen in Farbe.